U0137099

華志文化

華志文化

鹹也好，淡也好，做人自在就好

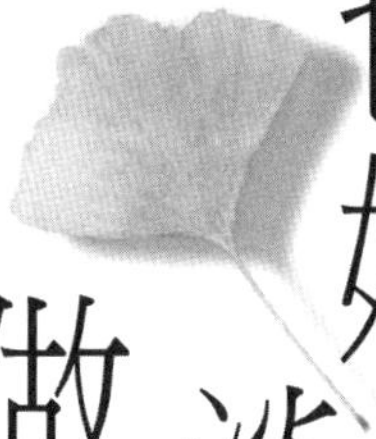

——簡單自在過個好人生——

華志文化

前言　給生命最深的體會

本書源於這樣的一則故事：

老僧的一位老友來拜訪他，吃飯時，他只配一道鹹菜。老友好奇地問他：「難道這鹹菜不會太鹹嗎？」

「鹹有鹹的味道。」老僧回答道。

吃完飯後，老僧倒了一杯白開水喝，老友又問：「沒有茶葉嗎？怎麼喝這麼平淡的開水？」

老僧笑著說：「開水雖淡，可是淡也有淡的味道。」

是啊！鹹菜的鹹與白開水的淡就像我們在人生中遇到的不同情境與事件，在我們無力做出選擇的情況下，命運安排我們什麼，我們就享受什麼好了！

漫漫人生路我們需要品嚐各種滋味，需要體驗各種心境，樣樣不可缺，樣樣不可少，這才是圓滿的結局。

《鹹也好，淡也好，做人自在就好》的「鹹」，指的是強烈的信念、熾熱的情感、劇烈的痛苦、沉醉的痴迷、徹骨的孤獨、狂熱的愛戀……

《鹹也好，淡也好，做人自在就好》的「淡」，指的是輕鬆的自由、欣賞的生活、適當的沉默、細心的關懷、溫和的知足、偉大的平凡……

超越了鹹與淡的分別，才能真正品味到鹹菜的好滋味與白水的真清甜，這是我們每個人都應領悟的最高境界。

本書以「小故事」（或精品美文或寓言說理）＋「鹹言淡語」的形式，演繹生活中的鹹與淡，而在這鹹與淡中你還可以品嚐出種種不同的滋味，它們就是每天與我們常見卻往往又擦肩而過的種種生活哲理。它們始終高揚著人性的溫情，同時又帶給我們最為睿智的思考。

《鹹也好，淡也好，做人自在就好》能順利與各位讀者見面，還得感謝那些故事的創作者們，是他們給予了我們生命最深處的感動與啟發。這裡再次表示感謝！

目錄

前言 給生命最深的體會 5

第一篇 鹹淡人生

1 鹹淡人生 16
2 人生隨喜 18
3 享受生命的冬天 20
4 河邊的橘子樹 21
5 樹立貧困中的尊嚴 22
6 最實在的幸福 24
7 不易得到才去爭 26
8 與絞刑架無關 28
9 最好的消息 30
10 生命不能承受之重 32

11 瀑布旁的睡鳥 34
12 長凳上做美夢 36
13 佛在心中 38
14 君子之交 40
15 南極的另一端 42
16 放開，並不等於失去 44
17 誠實的甜果 47
18 找對切入點 49
19 船夫的生活 51
20 鄉村老鼠進城 53

第二篇 擁抱殘缺，品味幸福

1 安逸之後是平庸 56
2 快樂無處不在 57
3 不是怕他 59
4 拾空香水瓶的老人 61

5 信念是免費而無價的 63
6 最平凡的美麗 65
7 休息後的驚喜 67
8 品味幸福 69
9 別想太遠 71
10 如水親情 73
11 沒有對錯 75
12 失誤也精彩 77
13 隨手丟棄的幸運 78
14 久違的幸福 80
15 拂淨心靈 83
16 感謝沉默 85
17 書的命運 87
18 無言親情 89
19 愛在身邊 91
20 心裡開花兒 93

CONTANT

第三篇 生命如舟，輕載以行

1 跌倒在優勢上 96
2 離家才知回家 98
3 堅守夢想 100
4 母愛無處不在 102
5 陌生的訓斥 104
6 樂觀的心安草 106
7 「不是」一三七二十一 108
8 只因省略了過程 110
9 事看兩面 112
10 回家與居家 113
11 說給女人 116
12 別致的浪漫 119
13 寧願愚蠢 121
14 咀嚼回憶 123

15 抽不出來的「手」 124
16 掃出平淡 126
17 朗讀殘破 128
18 幫助小老鼠 130
19 相信玻璃瓶 131
20 退回來的「路」 133

第四篇 授人玫瑰，播種喜悅

1 沒有爭執的金缽 136
2 親吻喜悅 138
3 走回純真 140
4 數數馬鈴薯 141
5 送枝半開的玫瑰 142
6 愛的真正標誌 144
7 要求默默 146
8 坦然面對失去 148

9 忍耐侮辱 150
10 播種喜悅 151
11 慈善的讚美效果 153
12 尊貴的自知 154
13 比寶石貴重的 155
14 無言的恩情 156
15 健康的心態 158
16 只管發光 160
17 眼睛在上面 161
18 偉大的平易 163
19 付帳的天使 164
20 高興第二名 167

第五篇 親吻痛苦，走近天堂

1 鮮活的左手 170
2 希望是「下一個」 171

3 太陽還會升起 173
4 強壯的溫和 175
5 人之善面 176
6 祝福顯露 178
7 為樂趣工作 179
8 道歉的勇氣 181
9 制服恐懼 183
10 遲到的花香 185
11 關於平靜 187
12 比財寶還重要的 188
13 君子之風 189
14 溫馨之光 191
15 名字不改 193
16 漂亮的小姐 194
17 減少街口 196
18 天堂的所在 198

CONTANT

19 三天後的日子 200
20 向後飛的小鳥 202

CONTANT

第一篇 鹹淡人生

人生各種境遇之中，鹹有鹹的滋味，淡有淡的滋味，然而，無論鹹也好，淡也好，明於本心，安於所選，樂於所選，人生能得大自在就好。

1 鹹淡人生

一個對都市文明極度反感的人，立志要到農村尋找自己的「精神世界」，於是他不顧家人的反對，來到了一個偏僻的山村。村中竹叢處處，流水潺潺，他被眼前的景色迷住了，驚歎世間竟有這樣的仙境。天空一片湛藍，河水清澈甘甜，小山一派翠綠，完全是書上所說的山清水秀。加上悠然從容、四處閒逛的雞、鴨、牛、羊，整個就是一幅世外桃源的畫卷！

他高興極了，準備就在這個小山村裡定居了，從而沉醉於像陶淵明一樣的田園生活裡。半個月過去了，他每天在這裡走走，那裡看看，新鮮感漸漸地淡了。

兩個月過去了，他感覺到了不適應：每逢下雨，到處泥濘不堪，簡直無法走路；家禽家畜們隨地拉屎拉尿；一不小心就被不知名的蟲子咬上一口，又痛又癢；因為沒電，村裡的人天一黑就上床睡覺；因為時令的關係，吃的菜翻來覆去就那幾樣……住了三個月，他開始用「窮山惡水」來形容這個山村了。

半年之後，他懷著一種無法忍耐的心情離開了這座山村，到城市去找那無法丟棄的城市文明去了。

鹹言淡語

故事中的人很像《城市老鼠與鄉下老鼠》中那隻鄉下老鼠到城市生活的故事，牠在城市中處處緊張害怕，而城市老鼠卻甘之如飴。其實，環境只是客觀因素，精神充實與否，最主要取決於人的主觀感受。

城市生活有它便捷、物質生活充裕的一面，也有繁忙勞碌的一面；田園生活在恬淡中也不完全是不食人間煙火。

人生各種境遇之中，鹹有鹹的滋味，淡有淡的滋味，然而，無論鹹也好，淡也好，明於本心，安於所選，樂於所選，人生能得大自在就好。

2 人生隨喜

三伏天，禪院的草地枯黃了一大片。「快撒點種子吧！好難看哪！」小和尚說：「別等天涼了。」

師父揮揮手：「隨時！」

中秋，師父買了一包草籽，叫小和尚去播種。秋風起，草籽邊撒、邊飄。「不好了！好多種子都被吹走了。」小和尚喊。

「沒關係，吹走的多半是空的，撒下去也發不了芽。」師父說：「隨性！」

撒完種子，跟著就飛來幾隻小鳥啄食。「糟糕！種子都被鳥吃了！」小和尚急得跳腳。

「沒關係！種子多，吃不完！」師父說：「隨遇！」

半夜一陣驟雨，小和尚一大早衝進禪房：「師父！這下真完了！好多草籽被雨水沖走了！」

「沖到哪兒，就在哪兒發芽！」師父說：「隨緣！」

一個星期過去了。原本光禿的地面，居然長出許多青翠的草苗。一些原來沒播種的角落，也泛出了綠意。

小和尚高興得直拍手。

師父點點頭：「隨喜！」

鹹言淡語

隨不是跟隨，是順其自然，不怨懟、不躁進、不過度、不強求。隨不是隨便，是把握機緣，不悲觀、不刻板、不慌亂、不忘形。這是一種達觀，一種灑脫，一份人生的成熟，一份人情的豁達。

3 享受生命的冬天

一位正直的老人正在酷熱難當的天氣裡耕犁他的土地，親手把一顆顆種子撒進鬆軟的泥土。忽然，在樹蔭下，一位神的幻象出現在他面前！老人非常驚訝。

「我是菩提仙，」這個神用親切的口吻說：「你在這兒做什麼，老人家？」

「如果你是菩提仙，那你還問什麼？」老人回答說，「在我童年的時候，你叫我到螞蟻那兒去，我看到牠們的所作所為，從牠們那裡學會勤奮和積蓄。我從前學到什麼，我現在就要做什麼。」

「你只學到了一半，」神靈說，「再到螞蟻那兒去一次，還要從牠們那兒學會在你生命的冬天裡去休息、去享受自己的貯藏。」

鹹言淡語

在人生的道路上，跋涉是絕對必要的，休息也是絕對必要的。不懂得休息的人，品嚐到的滋味只有苦澀和沉重。從另一個角度來說，休息是為了走得更遠。

4 河邊的橘子樹

有一天，一位老和尚吩咐身邊的一群小和尚，每人去南山打一擔柴回來。這是老和尚第一次吩咐下來的事情，小和尚們不敢怠慢，匆匆趕往南山。

一路上，小和尚們暗暗立下決心，待會兒一定要盡可能多打些柴。眼看快到南山了，卻被一條寬闊的大河擋住了去路。小和尚們只好垂頭喪氣地回來見老和尚，並向他稟明詳情。見老和尚沒有責怪的意思，小和尚們才一個個放下心來。

但是有一個小和尚從懷中掏出了一個橘子，遞給師父說：「過不了河，打不了柴，我看見河邊有棵橘子樹，就順手把樹上唯一的一個橘子摘下來了。」後來，這個小和尚成了老和尚的衣缽傳人。

鹹言淡語

這世上有很多過不了的河。因過不了河而掉頭，原本無可非議。盯著奔騰的河水憂愁，更是許多人的常態。但是智者總能在無路可走時，發現河邊的「橘子樹」，從而享受另一種人生境界。

5 樹立貧困中的尊嚴

一對穿著整齊素淨的夫婦，帶著一個大約六、七歲的小男孩，來到一家著名的西餐廳。

他們坐定之後，侍者遞上目錄，這對夫婦看也不看琳琅滿目的豐富菜餚，直接將菜單還給侍者，點了一份價格最便宜的牛排。侍者臉上露出詫異的神色，遲疑地問道：「一份牛排？可是你們有三位，夠嗎？」那位爸爸靦腆地笑了笑，說：「我們都吃過了，牛排是給孩子吃的！」很快地，那一家人所點的牛排，包括餐前的濃湯及生菜沙拉，送到了小孩的面前，父母親其樂融融地看著他們的孩子用餐。

這種三個人只點一份牛排的情形，在這家十分高級的餐廳中，難免引起一旁其他客人的側目，同時，也引起餐廳經理的注意。經理找來負責服務那一桌的侍者，詢問是什麼狀況？侍者簡單地回答，是一對溺愛小孩的父母，只點了一份最便宜的牛排，給他們的孩子。

經理了解情況後，難免對這桌特殊的客人多注意些。他發現，這對父母在教導孩子使用桌上的刀叉時，取用的順序十分正確；而且對孩子的用餐禮節，要求得相當嚴格，反覆而有耐心地、一次又一次地教，直到他們的孩子做對為止。

這位餐廳的經理，看到這種情況，知道這一家人的情況和侍者所說的話，事實上有著極大的出入。於是經理叫來侍者，交代了幾句話。隨後，侍者端著兩杯咖啡，送到那一家人的桌前。那位媽媽連忙擺手，正要說他們沒有點……經理走上前去，禮貌地告訴他們，這是餐廳招待的。然後，經理和這對夫婦聊了起來，終於了解了為什麼這一家人只點一份餐點的真正原因。

那位爸爸說：「不怕你知道，我們的經濟狀況很差，根本吃不起這種高級餐廳的晚餐，但我們知道在貧困環境裡長大的小孩，更可能會有不凡的成就。我們希望能及早教會他正確的用餐禮儀；更重要的是，我們也想讓孩子在成長過程中，記住自己曾在高級餐廳中，接受過備受尊重服務的那種感覺，希望他無論在貧窮還是富貴中，都能成為一個永遠懂得自重的人。」

鹹言淡語

貧困的環境能毀滅一個人，也能造就一個人。在這樣的環境中最不能丟失的就是做人的尊嚴。人一旦獲得尊重，就會努力去獲得更多的尊重，然而尊嚴一旦丟失，尊重也就無從談起。

6 最實在的幸福

小玲天生就是個愛說話的人。小玲和大明談戀愛的時候，小玲經常跟大明說自己的故事。比如童年有一次去城裡迷了路，半夜才回到家，急得一家人都快瘋了；又比如夜晚到村邊的池塘捉青蛙，捉了一籃子又都放回了池塘，因為她看那些青蛙太可憐；再就是家長里短，左鄰右舍的各種軼聞趣事，反正都是些芝麻綠豆大的瑣事。

那時大明很喜歡聽她說話，喜歡她說話時的語氣、姿態、聲音，他甚至認為在月色朦朧的夜晚，聽自己喜愛的女孩說話，是最浪漫、最幸福的事。

兩人結婚後，小玲還是話多，但內容有些變化，多半是嫌大明睡覺前不洗腳、睡覺打呼嚕等等。大明開始不耐煩她的嘮叨了。開始的時候，大明還說兩句：「你有完沒完？」到後來乾脆以沉默來抗議小玲的嘮叨。小玲四十歲的時候，不幸得了喉癌，日漸消瘦，一句完整的話都說不出來。大明開始懷念她以前的嘮叨，他想再聽小玲講那些陳舊瑣碎的往事，想聽她臨睡前讓自己洗腳的嘮叨，但小玲已經無法吐出一個字了。

病魔最終奪去了小玲的生命，大明的世界突然安靜下來。深夜對著小玲的照片，大明禁不住淚流滿面，他終於真切地體會到：妻子的嘮叨是自己的福分。

鹹言淡語

女人的嘮叨是瑣碎的生活中最為常見的事情。之所以嘮叨是因為她心中有愛，有關懷。如果你對這些視而不見，等到失去時，後悔已晚矣！讓我們每個人都珍惜好手中的幸福吧！這是最實在、最珍貴的東西。

7 不易得到才去爭

小村裡，一位老農把餵雞的草料鏟到一間小茅屋的屋簷上，這令他的鄰居感到十分奇怪。

有人便好奇地問道：「老公公，你為什麼不把餵雞的飼料放在地上讓雞吃呢？」

老農說：「這種飼料品質不好，要是放在地上，雞會不屑一顧；但是如果將這種飼料放到讓牠勉強爬得上去的屋簷上，牠就會努力去吃，直到把全部飼料吃個精光。」

鄰居將信將疑地問：「這是真的嗎？」

老農笑著說：「不信你就站在這兒看！」

果然不出老農所料，先是有一隻雞跳到小茅屋的房頂上，當牠驚奇地發現屋簷上有飼料時，興奮地「咯咯」叫著。不一會兒，又跳上來幾隻雞，牠們小心地站在房檐邊上，不顧危險滿足地吃著，不一會兒就把屋簷上的飼料吃得乾乾淨淨。

鹹言淡語

不易得到才會珍惜。人們常常會去爭奪一些東西，這些東西對這些爭奪者來說有時並不重要，只是由於見別人爭，他也去爭；由於不容易到手，他才去爭。真的爭到手了，才感覺自己實在沒有必要為此費那麼大勁。

8 與絞刑架無關

從前，有三個強盜。他們無惡不作，最終他們其中的一個落入法網，被施以絞刑。

另外兩個強盜聽說這件事，都陷入了沉思。

良久，一個強盜說：「如果世上沒有絞刑架，或其他刑具該有多好啊！我們想吃想穿了，就去搶，有吃有穿了，就到處玩，逍遙自在地過日子。『強盜』真算得上是一種很好的職業呢！」另外一個強盜卻回答說：「唉，你真是個笨蛋！世上如果沒有絞刑架，或其他刑具，那人們還不一窩蜂地爭著來當強盜，那時，我們的勾當就做不成了。所以說，絞刑架是我們的大恩人。那個倒楣的傢伙被員警抓住，只能怪他無能，怪不得絞刑架！」

鹹言淡語

世上的各行各業莫不如此。正是因為有著各自的缺陷和困難，才能把一切心存畏懼和自卑的人拒之門外，減少競爭者。

很多時候，障礙不僅不是我們的敵人，還是我們的恩人。當然，前提是我們有能力跨越障礙而不是被障礙嚇倒。

9 最好的消息

阿根廷著名的高爾夫球手羅伯特．德．溫森多是一位出名的好心人。

有一次，他剛剛在一場錦標賽中獲得了冠軍。當他來到停車場的時候，一個年輕女子向他走來。她向溫森多表示祝賀後，便訴說她可憐的孩子病得快要死去了，而她卻無法支付昂貴的醫藥費和住院費。

溫森多被她的講述所打動，立刻掏出筆在剛贏得的支票上簽了名，然後遞給那個女子。「這是我這次比賽的獎金，祝可憐的孩子走運。」他說道。

一個星期後，溫森多正在一家鄉村俱樂部吃午餐，一位職業高爾夫聯合會的官員走過來，問他一週前是不是遇到一位自稱孩子病得很重的年輕女子。溫森多點了點頭。

官員說：「這樣的話，下面的事情就是一個壞消息。那個女人是個騙子，她根本就沒有什麼病得很重的孩子，她甚至還沒有結婚哩！我的朋友，你讓她給騙了！」

「你是說根本就沒有一個小孩子病得快死了？」

「當然，根本就沒有。」官員答道。

溫森多長籲了一口氣說：「這真是我一個星期來聽到的最好的消息。」

鹹言淡語

一個輕鬆快樂的靈魂永遠不會被欺騙和惡意所遮蓋。對醜陋的東西，不是不去面對，而是因為用愛早已包容了它，化解了它。

10 生命不能承受之重

一個可憐的青年背著一個大包袱，千里迢迢跑來找智者，他說：「智者，我是那樣的孤獨、痛苦和寂寞。長期的跋涉使我疲倦到極點；我的鞋子破了，荊棘刺破雙腳；手也受傷了，流血不止；嗓子因為長久的呼喊而沙啞……為什麼我還是不能找到心中的陽光？」智者問：「你的大包裹裡裝的是什麼？」青年說：「它對我很重要了。裡面是我每一次跌倒時的痛苦，每一次受傷後的哭泣，每一次孤寂時的煩惱……靠了它，我才能走到您這兒來。」

於是，智者帶青年來到河邊，他們坐船過了河。上岸後，智者說：「你扛了船趕路吧！」

「什麼，扛了船趕路？」青年很驚訝，「它那麼重，我扛得動嗎？」

「是的，孩子，你扛不動它。」智者微微一笑，說：「過河時，船是有用的。但過了河，我們就要放下船趕路，否則，它會變成我們的包袱。痛苦、孤獨、寂寞、災難、眼淚，這些對人生都是有用的，它能使生命得到昇華，但須臾不忘，就成了人生的包袱。放下它吧！孩子，走過一段人生，就要檢查一下自己身上的背包，只帶必要的東西，其餘的全扔掉，我們每個人都扛不動太重的東西。」

青年放下包袱，繼續趕路，他發覺自己的步子輕鬆而愉悅，比以前快得多，陽光已經在心中照耀了。

鹹言淡語

人生是由一個個的驛站所組成，每經過一個驛站，無論快樂還是憂傷，無論是希望還是絕望，我們都會多少收穫一些的。但如果把這些東西全部收集起來，念念不忘，就會無法把握和選擇眼前的生活。

11 瀑布旁的睡鳥

古時候有一位畫家名氣很大，不僅因為他的畫畫得好，還因為他有一個漂亮聰慧的小女兒。附近的許多年輕人紛紛前來拜師學藝，當然，也有很多人是「醉翁之意不在酒」。畫家對前來拜師的年輕人，一概婉言拒絕。

在一個風雪交加的夜晚，畫家的門前跪著兩個風塵僕僕的年輕人。他們是兩兄弟，自小熱愛繪畫，這次不遠萬里，跋山涉水而來，一定要拜畫家為師，否則便長跪不起。畫家被兩兄弟的誠心所打動，不僅破例收兩兄弟為徒，而且悉心教授畫技。

四年的時間很快就過去了，兩人的繪畫水準提高很快，大有「青出於藍而勝於藍」之勢，這意味著他們回家的日子近了。臨走，兩兄弟一起向畫家的小女兒求婚。一女不能同時嫁二夫，怎麼辦呢？聰明的小女兒想了個好主意，她叫兩兄弟以《安靜》為題各畫一幅畫，誰畫得好，她便嫁給誰。

第二天，兩人交卷了。哥哥畫了一個湖，湖面像一塊鏡子，光滑平靜，遠處的山和近處的花草倒映在水面，十分清楚。

弟弟畫了一個飛流直下的瀑布，水珠彷彿要濺出畫面，瀑布旁有一棵小樹，小樹上有個小巢，小巢裡有一隻小鳥，小鳥正睡得香甜。最後，小女兒選擇嫁給了弟弟。

鹹言淡語

安靜並非寂然不動，無所作為；安靜的真義是既能坦然面對人生的激流、險灘，又能冷靜看待人生的幸運、機遇，無論外在環境如何變化動盪，都能執著坦然地向著自己的目標走去。

12 長凳上做美夢

有一個無家可歸的乞丐，他每天晚上睡在公園的凳子上過夜，餓了就啃點乞討來的饅頭。

公園對面有一座豪華旅館，在那裡出入的都是一些衣冠楚楚的大小富翁。睡不著的時候，他總是死死盯著那間旅館，似乎要把它裝進自己的肚子裡。

有一天，一位富翁注意到乞丐的奇怪舉止，就走到乞丐的面前，問道：「你為什麼每天都盯著那個旅館看呢？」乞丐說：「我沒錢、沒家、沒房子，只得睡在這長凳上。不過，每天晚上我都夢到自己住進了那間旅館，吃得飽飽的，睡得舒舒服服的。」

富翁突然善心大發，說：「今晚我就讓你如願以償。我將為你在旅館租一間最好的房間並付一個月房費，還供應你一個月的美食。」

幾天後，百萬富翁奇怪地發現乞丐竟重新回到了公園的凳子上。他問乞丐為什麼要從旅館搬出來，

乞丐回答說：「一旦我睡在凳子上，我就夢見我在那間豪華的旅館吃得好睡得好，真的妙不可言；一旦我睡在旅館裡，我就夢見我又回到了冷冰冰的凳子上

受凍挨餓，這夢真的可怕極了，以致於讓我整晚怎麼也睡不著覺！」

鹹言淡語

乞丐有乞丐的美夢，富翁有富翁的煩惱。沒錢的時候，嚮往有錢的奢華；有錢的時候，嚮往沒錢的簡樸。沒戀愛的時候，嚮往愛情的浪漫；戀愛之後，嚮往獨身的自由。忙的時候，嚮往閒時的輕鬆；閒的時候，嚮往忙時的充實。人啊！究竟要到什麼時候才會懂得知足？

13 佛在心中

蘇東坡和佛印和尚是很好的朋友，兩人在一起時很喜歡鬥智取樂。

有一天，兩人坐著參禪。

一會兒工夫，蘇東坡睜開眼問佛印：「你看我坐禪的樣子像什麼？」

佛印看了看，頻頻點頭稱讚：「嗯！你像一尊高貴的佛。」

蘇東坡暗自竊喜。

佛印也反問道：「那你看我像什麼呢？」

蘇東坡故意氣佛印：「我看你簡直像一堆牛糞。」

佛印居然微微一笑，沒有提出反駁。

回到家中，蘇東坡得意地告訴他的妹妹：「今天佛印被我好好地修理了一番。」

當蘇小妹聽了事情的原委後，反而笑了出來。蘇東坡好奇地問道：「有什麼好笑的？」

「人家佛印和尚心中有佛，所以看你如佛；而你心中有糞，所以看人如糞，其實輸的是你呀！」

蘇東坡這才恍然大悟。

鹹言淡語

佛在心中則眼中即是佛，花在心中則世界就是美好。如果我們心靈的花園是芳草青青、翠鳥啼鳴，那麼我們的心胸就會變得寬容和大度，我們自己自然也就少了抱怨和被傷害。

14 君子之交

子高遊歷來到了趙國，平原君的兩個門客鄒文、季節都與他相處得很好。後來，子高準備動身回魯國時，許多朋友都來送別。在大家送別過後，鄒文、季節又陪送了三天。

最後分別時，鄒文、季節淚流滿面，子高卻只是拱手作揖而已。

分手後各自上了路，子高的弟子問子高說：「先生與那兩位朋友關係很好，他們有依戀不捨的真情，為不知何時能見面而十分傷感，而先生卻高聲說話，只是拱了拱手，是不是您對他們二位感情不深啊？」

子高回答說：「起初，我還以為他們兩人都是大丈夫，現在才曉得他們並非如此。人生在世，當志在四方，豈能像鹿或豬那樣總是團聚在一起？」

弟子又問：「這樣看來，那兩位哭泣就不對了？」

子高說：「這兩位都是好人，他們有仁慈之心，但是在去留、決斷的問題上，就做得不夠好了。」

鹹言淡語

君子之交淡如水，用不著在表面上情深意切。聚散離合本是人生常態，能拿得起，放得下，銘刻在心就已足夠。

15 南極的另一端

北風呼嘯的寒冬裡，外地謀職一族的他窩在滴水成冰的小屋裡，向朋友訴說自己這一年來的種種不愉快經歷。

畢業後就來到北京尋夢的他，擁有英語六級證書，第一家外商公司卻認為他口語不過關；他是電腦二級程式設計師，第二家公司嫌他打字速度太慢；第三家呢？因為他與部門經理不合，他主動炒了老闆；第四家、第五家……

他暗淡地說：「一次又一次地失敗，讓我浪費了一年的時間，這使我對自己都快喪失信心了。難道是因為我不夠優秀嗎？」

朋友一直耐心聆聽，最後說：「講個笑話給你聽吧。一個探險家出發去北極，最後卻到了南極，人們問他為什麼，探險家答：『因為我帶的是指南針，我找不到北。』」

他說：「怎麼可能呢，南極的對面不就是北極嗎？轉個身就可以了。」

朋友反問：「那麼失敗的另一端，不就是成功嗎？」

在瞬間，他如大夢初醒，悟出了失敗的寶貴。

鹹言淡語

誰能在一開始便明察秋毫，尋覓到那通往柳暗花明的小徑？彷彿數學裡的排除法，當把所有不可能的結論、荒謬的推論、曾寄予莫大希望的假設一一排除，剩下的，才會是唯一的正確。所謂失敗，是令你溺水的深潭，同時也是能為你解渴的甘泉。

16 放開，並不等於失去

薇薇的丈夫是一家公司的大老闆，經常因為種種應酬而很晚才能回家。久而久之，薇薇開始疑心他在外有了別的女人。於是她經常跟蹤和釘梢，三天兩頭就到丈夫的公司去巡視一番。

丈夫被激怒了，看見她就對她發火：「你煩不煩啊？」久而久之，她與丈夫的關係日漸疏遠。

薇薇回到娘家，向母親訴說了自己的煩惱，她母親是一個很有智慧的人，聽女兒訴說了自己的煩惱後，帶她到了海邊，捧起一堆沙子對女兒說：「孩子，你看，我輕輕地捧著它們，它們會漏掉嗎？」

薇薇看了一會兒，一粒沙子也沒有從母親手中滑落，就搖了搖頭。接著，母親說：「我再用力握住它們，你看會漏掉嗎？」

說完，就用力去握沙子，奇怪的是，她握得越緊，沙子從指縫裡漏得越多、越快，不一會兒，所有的沙子都從母親的手中漏光了。

薇薇忽然明白了，愛情和沙子一樣，握得越緊，就越容易失去。

從此，薇薇改變了很多，不再老是追根究柢地查丈夫的去向，丈夫對她的態度也因此有了明顯改善。

一天，很晚了，外面傳來了鑰匙開門的聲音，薇薇打開門，丈夫一下怔住了：「這麼晚了，你還沒睡？」

薇薇俏皮地回答：「你還沒回來，我哪能睡得著呢？」

他「噢」了一聲先進了屋，過了一會兒，他問她：「你為什麼不罵我一頓？」

「為什麼要罵你一頓？」薇薇反問。

他沉默了。

天亮前，他搖醒沉睡的薇薇，說：「薇薇，本來我是打算與你離婚的，因為以前的你使我無法忍受。後來每天我回來這麼晚，就是為了激你發火，讓你和我大吵大鬧，這樣，我就可以狠心離開你。可是，現在你這樣的寬容，使我認識到自己的渺小與卑鄙——明天，我就離開那個『小三』……」

望著他沉痛懺悔的表情，薇薇真正明白了：放開他，真的沒有失去他。

鹹言淡語

無論愛情還是親情、友情，都要給對方一定的自由和空間。越握緊它，越容易失去它，放手，給愛與空間，就像紀伯倫所說的：

「在你們的密切結合中保留些空間吧！好讓天堂的風在你們之間舞蹈。彼此相愛，卻不要使愛成為枷鎖，讓它就像在你們倆靈魂之間自由流動的海水。」

17 誠實的甜果

這是我小時候看到的一個故事：

從前，有一個賢明而受人愛戴的老國王，因為他沒有孩子，王位沒有繼承人，於是便宣告天下：「我要親自在國內挑選一個孩子做我的義子。」

他拿出許多花的種子，分發給每個孩子，說：「誰用這些種子培育出最美麗的花朵，那孩子就是我的繼承人。」所有的孩子都在大人的幫助下，播種、澆水、施肥、鬆土，看護得非常精心。

其中有一個名叫阿呆的男孩，整天用心培育花種。但是，十天過去了，半個月過去了，一個月過去了……花盆裡的種子依然如故，不見發芽。

阿呆有些納悶，就去問母親。母親說：「你把花盆裡的土壤換一換，看看行不行？」阿呆換了新的土壤，又播下了一些種子，仍然不見發芽。

國王規定獻花的日子到了，其他孩子都捧著盛開鮮花的花盆來到街頭，等待國王的欣賞。只有阿呆手捧空空的花盆，在那流著眼淚。國王見了，便把他叫到跟前，問道：「你為什麼端著空花盆呢？」

阿呆如實地把他如何用心培育，而種子都不發芽的經過告訴了國王。

國王聽完，高興地拉著阿呆的雙手，叫道：

「這就是我忠實的兒子。因為我發給大家的花籽都是煮熟了的。」

鹹言淡語

誠實在很多時候都會被人看成是愚笨，誠實的人在生活中可能會吃一些虧，但最終得到的結果往往是那些耍小聰明的人所企盼不到的。誠實待人永遠是贏得信任的唯一方法。

18 找對切入點

徒弟跟著師傅學藝三個月後，這天正式就職。

他給第一位顧客理完髮，顧客照照鏡子說：「頭髮怎麼留得這麼長？」徒弟尷尬地說不出話。

師傅在一旁笑著解釋：「頭髮長，使您顯得含蓄，這叫藏而不露，很符合您的身分。」顧客聽罷，高興而去。

徒弟給第二位顧客理完髮，顧客照照鏡子說：「頭髮怎麼剪得這麼短？」徒弟手足無措地不知說什麼好。

師傅笑著解釋：「頭髮短，使您顯得精神、樸實、厚道，讓人感到親切。」顧客聽了，欣喜而去。

徒弟給第三位顧客理完髮，顧客一邊付錢一邊不滿地說：「怎麼花了這麼長時間，手藝不行吧！」徒弟無言以對，臉脹得通紅。

師傅笑著解釋：「為『頭髮』多花點時間很有必要，您沒聽說：進門蒼頭秀士，出門白面書生？」顧客聽罷，大笑而去。

徒弟給第四位顧客理完髮，顧客一邊付款一邊嘟囔說：「動作挺俐落，這麼短的時間就理完了，沒認真吧！」徒弟不知所措，還是不語。

師傅笑著說：「如今，時間就是金錢，您何樂而不為？」顧客聽了，歡笑告辭。

徒弟委屈地說：「師傅，我好像每次做的都有錯，可是為什麼經您一說，又都是對的呢？」

師傅寬厚地笑道：「只看你的切入點。」

鹹言淡語

事情往往不止一個面，很多時候有兩個面，有的甚至五六個面，就在於你從哪個角度看。如果你能使對方高興，自己也沒什麼損失，這個切入點就找對了。

19 船夫的生活

有一個自恃很有學問的人，精通各種宗教經典，對那些目不識丁的人很是看不起。

有一天，他因事要過河。河邊有個勤勞的船夫，他每天划著小船運送過河的行人。

這個人上了船，船夫等了一會兒，見沒人再來乘船，就划起船走了。

船行了一會兒，他對船夫說：「你活得多沒意義！」

「您為什麼這麼說呢？」船夫驚奇地問道。

「你懂得宗教經典嗎？」

「像我這樣的笨人，哪懂這些東西呢？」船夫直率地回答。「這樣看來，你的生活失去了一半意義。那麼，你聽人講過《往世書》（印度古代的神話傳說集）嗎？」「日夜泡在河裡搖船，哪有時間去聽？」「這麼說來，你的生活有四分之一又白白過去了。不過至少你聽過一些史詩吧！」「您說的是什麼呀？我根本不懂。我的生活就是搖著船渡人過河。」

「沒什麼好說的了，你這一輩子幾乎都白過了。我不明白，你怎麼能忍受這樣的生活。」他譏諷地說。

話音未落，突然颳起了大風，河裡波濤翻滾。接著天空烏雲密布，下起了大雨。可怕的巨浪拍打著小船，不一會兒，船裡灌滿了水，很快就要沉沒了。

「喂，兄弟，船是不是要沉？」這個有學問的人驚恐不安地問道。「是的，先生！但請你告訴我，您會不會游泳？」船夫問道。「我不會。」他失望地回答。「這樣看來，您不僅活得沒有意義，而且就快完蛋了。」說完，船夫跳到河裡，游到了對岸；不會游泳的學識淵博的人，被淹死在河裡。

鹹言淡語

對生命的體驗和生命的意義的理解，人各不同，很難說對錯高低。你不能因為你是一朵花就去否認一株小草的美麗。每個人的存在都有他獨特的價值，要懂得尊重他人和欣賞自己。

20 鄉村老鼠進城

鄉村老鼠吃膩了玉米和麥稈，也厭倦了農村沉悶的氣氛，牠決定到城市去，體驗一下不同的生活感受。

牠來到城裡一個富貴人家。這個家裡富貴堂皇，有麵包、豆子、乾果、蜂蜜、蛋糕，還有各種新鮮的水果。鄉村老鼠真是大開眼界，想想過去的自己真是「穴中之鼠」啊！

但是，就在牠正要開始吃的時候，門開了。牠趕快跑到一個洞裡。這個洞是這樣狹窄，牠在裡面感到非常擠。不過，終究躲過一場劫難。當牠再次悄悄溜出來準備進餐的時候，又有人過來開碗櫃拿東西，這隻老鼠比以前更害怕了，躲在洞裡大氣也不敢喘一口。

後來，這隻鄉村老鼠幾乎餓壞了。牠想，雖然這裡有這樣精美的食物，但我仍然決定離開，這裡太危險了！我寧可回到農村廣闊的土地上。

牠在返回農村的途中，又險些被汽車壓死，被垃圾堆上的野貓吃掉，又差一點被地鐵碾死，經歷了眾多險阻和磨難，牠終於回到了牠原來那沒有驚恐的環境裡。

從此，鄉村老鼠再也不想進城了。

鹹言淡語

這世界上，每個人都有自己的位置，每個人也都有自己的追求。高回報同時也意味著高風險，這代價可能是休閒的喪失，健康的受損，甚至生命受到威脅。有人喜歡烈火一樣的人生，有人喜歡清水一樣的寧靜。選擇適合自己的，便是智慧。

第二篇
擁抱殘缺，品味幸福

幸福感需要自己去品味，不同處境的人自然會有不同的感受。飢寒交迫的人，能有親人相伴就是幸福；失業等待的人，能找到一份工作就是幸福；正為失戀苦惱的人，能與情人破鏡重圓就是幸福；……

幸福其實很簡單，你感覺幸福就是幸福，就如一覺醒來百花開。

1 安逸之後是平庸

一隻蚌對另一隻蚌說：「我真是痛苦不堪，那又重又粗的砂粒在我體內滾來滾去，常常使我痛得不能休息。」

另一隻蚌驕傲自得地回答說：「謝天謝地，我體內沒有被砂粒折磨的痛苦，我裡裡外外都很舒服。」

此時有一隻螃蟹經過，聽到兩隻蚌的對話，便對那隻驕傲的蚌說：「是啊！你是很舒服，但是卻一無所得；而你的朋友忍受痛苦的結果，卻將生出一顆非常美麗的珍珠。」

鹹言淡語

天將降大任於斯人也，必將苦其心志，勞其筋骨，餓其體膚，空乏其身……成就非凡的人哪一個沒經過如蚌育珍珠般的痛苦過程？

2 快樂無處不在

有個叫瑪爾賽的女人，陪同從軍的丈夫一起來到拉丁美洲的一片沙漠之中。當丈夫外出訓練時，她常孤零零地獨自住在被沙漠環繞著的鐵皮房子裡。有時，甚至很長時間也沒有丈夫的一點音訊，她深感寂寞、無聊和痛苦，整天長歔短嘆。雖然當地有土著——印第安人和墨西哥人，但他們和她語言不通，無法溝通。她將這種孤獨的痛苦寫信向遠方的父母傾訴，想離開這裡。頗有涵養的父母寫的回信言簡意賅，充滿哲理，其中一句話讓她深深思索：

「兩個人從牢房的鐵窗裡望出去，一個人看到了墳墓，一個人看到了星星。」

聽完這席話，她頓時茅塞頓開。

於是她開始努力學習當地語言，真誠地與當地人交朋友，潛心收集各類文物特產，認真研究當地的一切——包括土撥鼠和仙人掌……不過幾天時間，她就深深感到，她的生活已經變得充實無比，快樂無處不在。

第二年，她還將她的收穫付諸文字，整理成文，出版了一本叫做《快樂的城堡》的書，暢銷世界！她非常興奮，她終於在茫茫無邊的寂寞中看到了「星星」，她再也不必長歔短嘆了，生活對她來說是多麼的豐富多彩！

鹹言淡語

任何惡劣的環境都能尋找到快樂。快樂是一種自釀的美酒，是自己釀給自己品嚐的；快樂是一種主觀感受，是要用心去體會的。人如果覺得無聊、無事可做，那是這個人不知道如何讓自己過得充實快樂，只要有一顆對萬事萬物充滿好奇和求知的心，快樂就永遠在你身邊。

3 不是怕他

希臘大哲學家蘇格拉底是個很有智慧的人。

有一天，他和他的一位老朋友一起在雅典城裡悠哉地散步，一邊走一邊愉快地聊天。

忽然，有一位憤世嫉俗的青年出現，用棍子打了他一下就跑走了。他的朋友看見了，立刻回頭要找那個傢伙算帳。

但是蘇格拉底拉住他，不讓他去報復。

朋友覺得很奇怪，就問：「難道你怕這個人嗎？」

蘇格拉底說：「不，我絕不是怕他。」

朋友又問：「那麼人家打你，你都不還手嗎？」

此時蘇格拉底笑著說：「老朋友，你糊塗了，難道一頭驢子踢了你一腳，你也要踢牠一腳嗎？」

他的朋友點點頭，就不再說什麼了。

鹹言淡語

生活中，我們經常會受到負面的影響和無端的傷害。如果我們將這些全部都裝在心中，稍有委屈就想報復，那麼我們的身心將永遠得不到安寧。越能抵制外物對自己的影響，就越能鍛鍊自己的修養。

4 拾空香水瓶的老人

她的任務是跟一個從遠方來的撿垃圾的老婆婆生活一天。

早晨七點鐘，天剛微亮，在一個郊外空地上，幾十個撿垃圾的人在交易頭一天撿到的垃圾，那種場景讓她想起狄更斯筆下的倫敦：幾百個衣衫襤褸的人在賣垃圾，收垃圾的人把他們的垃圾收走。然後，他們就提著空的蛇皮袋，四散而去了。

這是一些活動在城市夾縫中的外地人，以中老年人為主。她和老婆婆一邊沿著她固定的路線走，一邊聽她說話。她熟悉她活動區內的每一個垃圾桶，每一個垃圾堆。她說她的老家，講她兒孫的故事。她講了很多，講人的生生死死，恩恩怨怨。那種感覺很像小說《活著》中一個老人給一個青年講活著的故事，非常像。

最後，到了晚上，她和她一起回到郊區她租住的一間小平房，那是一間只有二坪左右的小房子。她讓她看了一樣東西，她拉開了牆上的小布簾，在牆上有一個小木架子，上面擺滿了各種各樣的空香水瓶！那些都是她的收藏。

香水瓶的外型大都很好看，老人蒐集的足有三百多個，一剎那它們的美讓她震驚，也讓這個老人的小屋和她的人生發亮了。

鹹言淡語

在繁華的都市裡，有很多像小草一樣卑微的生命，也有很多卑微的願望，平時我們經常看不起他們，但他們卻是生活中的樂觀者、滿足者，熱愛生活的人。

5 信念是免費而無價的

羅傑．羅爾斯是紐約歷史上第一位黑人州長，他出生在紐約聲名狼藉的大沙頭貧民窟。在這兒出生的孩子，長大後很少有人獲得較體面的職業。然而，羅傑．羅爾斯是個例外，他不僅考入了大學，而且成了州長。在他就職的記者招待會上，羅爾斯對自己的奮鬥史隻字不提，他僅說了一個非常陌生的名字——皮爾．保羅。後來人們才知道，皮爾．保羅是他小學的一位校長。西元一九六一年，皮爾．保羅被聘為諾必塔小學的董事兼校長。當時正值美國嬉皮士流行的時代。他走進大沙頭諾必塔小學的時候，發現這兒的窮孩子比「迷惘的一代」還要無所事事，他們曠課、鬥毆，甚至砸爛教室的黑板。

當羅爾斯從窗台上跳下，伸著小手走向講台時，皮爾．保羅說：「我一看你修長的小拇指就知道，將來你是紐約州的州長。」當時，羅爾斯大吃一驚，因為長到這麼大，只有他奶奶讓他振奮過一次，說他可以成為五噸重的小船的船長。這一次皮爾．保羅先生竟說他可以成為紐約州州長，著實出乎他的意料，他記下了這句話，並且相信了它。

五十一歲那年，他真的成了州長。在他的就職演說中，有這麼一段話。他說：

「在這個世界上，信念這種東西任何人都可以免費獲得，所有成功者最初都是從一個小小的信念開始的。」

鹹言淡語

信念是人生路上的一位忠實的朋友，它會時時在潛意識裡鼓勵你。積極的信念一旦形成，就會成為一種伴你一生的動力。

6 最平凡的美麗

在一社區西面的空地處不久要建起一棟大廈，每天都會從那裡傳來隆隆的機器聲，有時是在黃昏時聽到那裡的碗筷交響曲和深夜裡工人哼的一些老掉牙的情歌；除此之外，偶爾也有竹笛聲傳過來，舒緩而悠揚。這些工人都來自遙遠而貧困的山區，他們以這種特有方式，表達著他們的情懷。偶爾感覺一下那些老歌和獨特笛聲也別有一種風情，但經驗還是提醒人們應該提防他們。

那時，只要出門，大家都會相互叮囑：記住把門窗關牢。只因為他們是工人，而且是外來的，人們的眼中流露著對他們的不屑和冷漠。但不諳世事的孩子如何能窺知大人心靈上的樊籬？

鄰居四歲的孩子靈靈就經常跑到工地那邊玩耍。久而久之那些工人都很喜歡上這個活潑可愛的孩子，他們會在空閒時用彩色包裝帶給她編織展翅欲飛的小鳥；用樹葉吹出「嘶嘶」的蟬鳴；把蜻蜓捉住裝在菸盒裡……這一切，對生活優越但孤獨的城市孩子來說，無異於到了充滿童趣的天堂。對靈靈來說，她才不相信媽媽和阿姨們說這些人是狐狸和灰狼變的話語。

在一個昏暗的黃昏，靈靈準備回家吃晚飯，她沒有像往常一樣穿過那塊空地回家，而是沿著正在施工的建築物邊走。一位在二十層樓上作業的工人碰巧失手，一塊預製板被腳手架抵擋了幾次之後，正朝靈靈頭上砸下來。一位工人正好經過靈靈身邊，他一縱身將靈靈推開。隨著「啊」的一聲，那工人的一條腿已被砸傷，而靈靈安然無恙。

這件事引起工地上不小的轟動。那個工人是一位還不滿十八歲的男孩。當人們問他為什麼這麼做時，他只是以鄉下人特有的寬厚心胸說：「我救靈靈，是因為我喜歡這個孩子。」簡單的話語表現了他靈魂深處的美！

鹹言淡語

生活有時就是這樣，那些被我們鄙視和冷落的，恰恰是我們最需要的。他們遠在天邊近在眼前，悄悄地感動著我們的心靈，溼潤著我們的眼睛。

7 休息後的驚喜

一條大河邊的三隻毛毛蟲正在竊竊私語，因為牠們想過河到對岸那個開滿鮮花的地方，但看起來牠們已是非常疲憊。

其中一隻說，我們必須先找到橋，然後從橋上爬過去，只有這樣，我們才能搶在別人的前面，佔領含蜜最多的花朵。而第二隻說，在這荒郊野外，哪裡有橋？我們還是各造一條船，從水上漂過去，只有這樣，我們才能盡快達到對岸，喝到更多的蜜。第三隻卻說，我們走了這麼多路，已經疲憊不堪了，現在應該靜下來休息兩天。

另外兩隻很詫異。休息？簡直是笑話！沒看對岸花叢中的蜜都快被人喝光了嗎？我們一路辛辛苦苦，馬不停蹄，難道是來這兒睡覺的？

話未說完，那兩隻毛毛蟲就各自忙碌起來，剩下的一隻躺在樹蔭下沒有動。牠想，喝蜜當然舒服，但這兒的習習涼風我也該享受一番。於是就爬上最高的一棵樹，找了片葉子躺下來。河裡的流水聲如音樂一般動聽，樹葉在微風吹拂下如嬰兒的搖籃，很快牠就睡著了。

不知過了多少時辰，也不知自己在睡夢中到底做了些什麼。總之，一覺醒來，牠發現自己變成了一隻美麗的蝴蝶。翅膀是那樣美麗，那樣輕盈，僅扇動了幾下，就飛過了河。

此刻牠很想找到兩個夥伴，可是飛遍所有的花叢都沒找到，因為牠的夥伴一隻累死在路上，另一隻被河水淹沒了。

鹹言淡語

面對生活中的辛苦打拚，帶給我們的經常是疲憊不堪，遍體鱗傷。而實際上，享受生活，順其自然才是最為可取的生存方式。

8 品味幸福

一位身體殘障的青年作家，經過十幾年的奮力拚搏，寫出了許多優秀作品，繼而蜚聲文壇。

當有人對他說：「你如果不是殘障，恐怕會有更大成就。」不料，他卻淡然一笑，說：「你說得也許有道理，但我並不感到遺憾，因為如果我不殘障，我肯定早就當了工人，哪有時間努力學習，掌握寫作的技巧。從這個意義上說，我應該感謝上帝給了我殘缺的身體，同時也給了我堅強的生活信念和立志成長的勇氣。」

他說的信念和勇氣，就是一筆可貴的精神財富。幸福感是一種財富，但這種財富多取決於主觀感受。它直接與我們自己的心靈有關，而與世俗的一切、與物質的一切沒有什麼必然聯繫。新鮮感和興奮感都不能當作幸福。新鮮感和興奮感都不過是一種燃燒，注定會轉瞬即逝。

幸福感需要自己去品味才會抓住幸福，不同處境的人自然會有不同的感受。飢寒交迫的人，能有親人相伴就是幸福；失業等待的人，能找到一份工作就是幸福；正為失戀苦惱的人，能與情人破鏡重圓就是幸福；迷路的人，忽遇熱心的引路人就是幸福……

鹹言淡語

幸福其實很簡單，你感覺幸福就是幸福，就如一覺醒來百花開。

9 別想太遠

有一個製作家具的商人，在經濟不景氣的波及下生意大受影響，因此他整天心情鬱悶，每天晚上都睡不好覺。

妻子見他愁眉不展的樣子十分擔心，就建議他去找心理醫生看看，於是他前往醫院去看心理醫生。

醫生見他雙眼佈滿血絲，便問他說：「怎麼了，是不是受失眠所苦？」

商人說：「可不是嗎！」

心理醫生開導他說：「這沒有什麼大不了的！你回去以後如果睡不著就數數木材吧！」

商人道謝後離去了。

第二天，他又來找心理醫生。他雙眼又紅又腫，精神更加不振了，心理醫生複診時非常吃驚地說：「你是照我的話去做的嗎？」

商人委屈地回答說：「當然是呀！還數到一萬多根呢！」

心理醫生又問：「數了這麼多，難道還沒有一點睡意？」

商人答：「本來是睏極了，但一想到一萬多根木材能製造多少家具，我就又不能入睡了。」

心理醫生於是說：「那計算完不就可以睡了？」

商人歎了口氣說：「但頭疼的問題又來了，這一萬多根木材所製造出的家具，要去哪兒找買主呢！一想到這兒，我就睡不著了！」

鹹言淡語

做人做事，想得長遠一點不失為一件好事，但有些事想得太遠，就成了無休無止的壓力，煩惱自然也就跟隨而來。所以，不要把有些事想得太遠，這樣才能煩惱不在，才能心靜。

10 如水親情

父親又來了，阿良看著。他的父親依舊是騎著那輛除了鈴鐺不響、全身都響的永久牌自行車，車架上依然夾著那個尼龍袋。

他的父親已是古稀之年，還依然不辭勞苦地從幾十里外的地方騎車來看他們，還幫他們送這送那，作為子女，阿良又想些什麼？阿良也曾多次勸他不要大老遠的跑來，他就是不聽。每想到這裡，淚水便不知不覺流了下來。

妻子看了這種場面，似乎很有感觸地對阿良說：「父親真的很疼你。」一句話勾起他許多回憶，母親共生了三個兒子，一個女兒，其中，父親最疼愛的是他，大概是因為他從小在兄弟中顯得聰明伶俐一些，學校成績最好吧！記得那年考上大學時，父親確實高興了一陣。

印象最深的是，家境最困難的時期，有一天晚上父親瞞著母親獨自帶他一個人，去飯店大吃了一頓。

多年以後，他成家後搬出來住了。與父親相隔遠了，而且交通也不方便，來回一趟要三四個小時。

但父親和母親還是經常來，每次都帶著禮物，說是看看「爺爺和奶奶的小孫孫」。每次來，母親總是說得多些，父親就一個人靜靜地坐在那裡，但又總是坐不到十分鐘，便告辭了。

次數多了，阿良逐漸體會到：父親、母親走那麼遠的路來只是想看看自己的兒子、兒媳和孫子，看一眼就心滿意足了。

鹹言淡語

親情如水，透明的、淡淡的，卻又是最為濃深的。萬事萬物莫過於此。

11 沒有對錯

一個師傅有兩個徒弟。一次，他們看到屋裡飛進一隻蜻蜓，蜻蜓努力地朝窗外飛，卻被窗上厚厚的玻璃擋住了，一次次徒勞地摔下來。

徒弟甲說：「這隻蜻蜓真是愚蠢呀！既然知道這個辦法行不通，為什麼還要努力呢？牠這樣做，即使飛一輩子也不可能成功。」於是他從中得到領悟：世上有些事，不能強求，該放手時就放手。

徒弟乙說：「這隻蜻蜓真頑強，牠那麼勇敢，失敗了也不屈服。」他也從中得到啟示：做人就應該像蜻蜓那樣，鍥而不舍，敗而不餒，百折不撓。

於是，兩人爭執起來，誰也說服不了誰。

最後他們只好去找師傅來評理：「我們的觀點，究竟誰的才是正確的呢？」

師傅說：「你們誰都沒錯。」

兩個徒弟不解，心想，怎麼可能兩種觀點都對呢？難道師傅是故意做好人，不讓我們再爭執了？師傅看出了他們的心思，他微笑著，拿出一塊大餅，吩咐他們把大餅居中切開，徒弟二人照做了。

師傅問：「兩個半塊餅，你們說哪半塊好，哪半塊不好？」他們回答不出。

師傅說：「你們總是看到相異的地方，而沒有看到相同的地方，形式上的差異，掩蓋了質的相同。」

鹹言淡語

任何事物都有其兩面性，有時所謂的正確與錯誤，只是見仁見智罷了。

12 失誤也精彩

有一個喜歡畫畫的小女孩在家中學畫畫。還未開始畫，就把墨汁滴到了潔白的宣紙上，慢慢洇開來，變成了一片醜陋的黑漬。

小女孩很懊惱，準備換一張宣紙。

可是，她的姐姐說：「這點墨漬不是很好嗎？」小女孩的姐姐取過筆，用那點墨漬畫了一隻小花貓，竟然栩栩如生。

小女孩高興地喊起來：「原來墨漬可以變成小花貓。」

墨漬當然不能變成小花貓，是因為你心裡首先沒有那點墨漬。沒有了墨漬，它才可以是一隻小花貓、一頭小象，或是一片茂盛的樹林，就看你如何改變它。

鹹言淡語

苦瓜甘蒂，萬物無全美。同樣，一個人不可能沒有失誤，但有時失誤並不可惱可怕。

13 隨手丟棄的幸運

很久以前，有一位年輕人，他聽說離他們村莊不遠的那座雲霧繚繞的山峰上住著一位老人。這位老人可謂是能力非凡，他可以滿足人的任何心願。

於是，那年輕人便連夜收拾行李，趕上山去。

他在那兒等了七天，終於見到那個傳說中的老人，他向老者請求賜給他財富。

老人便告訴他說：「每天清晨，太陽未升起時，你到海邊的沙灘上尋找一粒『幸運石』。其他石頭是冷的，而那顆『幸運石』卻與眾不同，握在手裡，你會感到很溫暖而且會發光。一旦你尋找到那顆『幸運石』，你所祈願的東西就可以實現了！」

這樣，每天清晨，那年輕人便在海灘上撿石頭，凡是不溫暖又不發光的，他便丟下海去。日復一日，月復一月，那年輕人在沙灘上尋找了三個月，卻始終也沒有找到溫暖發光的「幸運石」。

這天，他如往常一樣，在沙灘上開始撿石頭。當他發覺他所撿的不是「幸運石」，他便丟下海去。一粒、二粒、三粒……

突然，「哇……」年輕人大哭起來，因為他突然意識到：剛才他習慣性地扔出去的那塊石頭是「溫暖」的……

鹹言淡語

誰都希望幸運降臨在自己的身上。但幸運來時，或是由於養成了拋棄的習慣，或是由於不經心地錯過了，幸運就會從身邊溜走。

14 久違的幸福

這是發生在美國西部的一個故事。

他是朱麗頭一次遇見的比她年紀大的男孩。那時她五歲，他七歲，他住在城市裡。

在一個星期天的下午，他父親帶他到朱麗祖父的農場騎馬。朱麗坐在圍牆上，看著她祖父幫她把小馬披戴上馬鞍，朱麗驕傲地炫耀著她腳上穿著的紅靴，小心翼翼地不捨得把它們弄髒。

這時，那位來自城市的小男孩走過來，跟她打招呼，羨慕地看著她的紅靴。一定是一見鍾情的關係吧！朱麗竟把小馬讓給他騎。以往，朱麗不讓任何人騎她的小馬。

年終時，朱麗的祖父將農場賣掉，也因此朱麗不曾再見到那個男孩。但基於某些因素，她依然牢記著五歲時的那次邂逅。每次穿上小紅靴時，總會令她想起那個來自城市的小男孩。

許多年後，朱麗長成一位美麗的小姐，然後，她遇到迪恩。他們結了婚，有了女兒。

有一天，朱麗在整理家中舊貨時，她發現了那雙小紅靴，過往的記憶如海水翻騰而來。「我很愛這雙靴子。」她笑著回想著，「我要將它們送給我的女兒當成她的生日禮物。」

看著女兒腳上穿著的紅靴，迪恩抱起她，逗著她玩，「你喜不喜歡這雙紅靴呢？」「它讓我想起很久以前的一個午後，我第一次騎馬的經歷。那時，我跟你年紀差不多。」「那是真的嗎？結果如何？我好想聽喔！」女兒天真的表情，讓迪恩回想著他小時候發生的故事。女兒問不完的問題讓迪恩難以招架，只好向她娓娓道來。滿足女兒的好奇心。

「二十幾年以前。」迪恩說，「那時我才七歲，住在洛杉磯，你知道嗎？當時我最想要的就是一匹馬。我告訴你的爺爺，我長大要當一位真正的牛仔。那個夏天，你爺爺就帶我到離家不遠的一處農場騎馬，親自體驗一下當牛仔的感受，我記得農場有一個小女孩，我看見她坐在圍欄上，她穿著一雙和你的一模一樣的小紅靴。」

朱麗也在旁邊聽著迪恩講故事。當他說到小紅靴時，朱麗的雙眼流露出驚奇，內心裡更是無限的詫異：難道迪恩就是她五歲時遇到的那個小男孩嗎？「迪恩，」朱麗終於開口了，她用顫抖的口吻說著，「我就是那個小女孩啊！那是我爺爺的農場。」

迪恩聽到的一剎那，望著朱麗一句話也說不出來了。

那一刻他們感受到的是久違的幸福。女兒開心地坐在爸爸的腿上，但她卻不知道，在那一刻她的父母終於明白了，原來在他們還是小孩時，他們已經見過面，而且從那時起，在內心裡對彼此已有了好感，一直延續至今……

鹹言淡語

久違的，大多是美好的。就如陳年老酒，多年後，一經打開，酒香四溢，教人樂不思蜀。

15 拂淨心靈

曾看過這樣一個故事：

外祖父病危。迴光返照時，讓兒子拿來一個舊皮箱，從皮箱裡拿出一件黑色的舊呢子大衣，撕開衣角，取出一塊銀元。

六十多年前，外祖父在縣城裡開書店。一個年輕人來買書，因為櫃台上只剩下一本，所以外祖父便向買書人多要了一塊銀元。從此，這塊銀元常被外祖父捧在手上，沉重得如同捧著一座大山。開了八年多書店，外祖父只做了這麼一件虧心事，而且只是一塊銀元。儘管如此，仍讓他日夜不安，他決心退回這塊銀元，然而，六十多年過去了，他無緣了卻這樁心願。

生命終結之際，外祖父給兒女留下的遺囑是：一定要找到那個買書人，買書人不在了，找到他的後人也可以，務必把這塊銀元退回去，他才能安睡在九泉之下。離開人世時，外祖父的最後心願是，拂掉心靈上的那一絲灰塵。

兒女們料理完老人的後事，坐下來研究怎樣實現老人的遺願。他們驚訝地發現，這竟是一塊無法退回去的銀元，因為父親沒有留下那個買書人的姓名，或許父親也不知道？深陷悲痛中的兒女此時才深刻地悟出老人留下的又一個遺願——讓兒女在世上乾乾淨淨地做人。

鹹言淡語

人生在世需要不斷地為心靈除塵，自省、自責、自悟、自重……拂淨心靈，既是一種自我重塑，也是一種品德純化；既是對從前的一種跨越，也是不可缺少的一種追求。

16 感謝沉默

有一個沉默的男孩。隔著窄窄的教室通道，鄰座的是一個女孩。女孩性情孤傲，對人總是「橫眉冷對」、素面朝天，似乎不屑和同學交往。

但不久，女孩住院了，老師說她得了肺炎。而真實的情況只有那個男孩知道，因為他的媽媽是腫瘤醫院的醫生，也是女孩的主治醫師。媽媽告訴他，你的同學得了不治之症，已經無法手術了，唯有等待，等待那最終可怕的時刻到來。

在這之後，男孩每天把走道那邊的那套桌椅擦拭一遍，同學們向他投來異樣的目光。男孩始終沉默著，沒有在班上透露女孩的任何情況。

兩個月後，女孩來上學了，素衣素裙，面色蒼白。女孩以為自己的病是肺炎，父母沒告訴她真相，因為她憂鬱的性格，悶在家裡不好，所以想讓她在熱鬧的學校裡，度過最後的生命時光。

男孩殷勤地關照著女孩，常常主動地和她搭訕，在她臉色格外蒼白時，趕緊為她倒來一杯熱水。有一次，他打聽到了她的生日，就發起全班同學製作生日禮物，簽名後送給她。同學們議論紛紛，說他是她忠實的騎士。女孩也開始躲著男孩，但又無力推卻男孩的關照。男孩一如既往，每天把女孩的桌椅擦得乾乾淨淨，為女孩倒來開水，用沉默的方式回應周圍的一切。慢慢地，大家習慣了他對她異乎尋常的關心。在學校生活期間，女孩幾次發高燒住院，好點了，又回到學校，再發燒，又再次住院。男孩對女孩的關照更多了。

直到有一天，奇蹟發生了。女孩體內的癌細胞突然沒有了。她痊癒了。醫生說，人體透過發高燒殺死癌細胞的報導是有的，不過機率太低，大概不超過百萬分之一。女孩的康復是個奇蹟。她的父母喜極而泣。此時，女孩才知道了事情的真相，也知道了那個男孩和她的主治醫生之間的關係。

女孩上學來了，依然是素衣素裙，只是臉上出現了紅潤的光澤。她悄悄地遞給男孩一張紙條，上面只有六個字：感謝你的沉默。

鹹言淡語

生活中，有時保持沉默是必要的，如果你決定做一件事，不要顧及別人的流言蜚語，盡量保持沉默，因為沉默是金，因為沉默有時會產生奇蹟。

17 書的命運

有這樣一個女子，在二十年前大學生很吃香的年頭，如願嫁了一個文科畢業的大學生，並且頗以自己的書生夫婿為榮。

但隨著時間的流逝，眼看別人的丈夫紛紛成了有錢的富商或是大官，而自己的丈夫依舊只是一介書生，便漸漸心生怨恨。經常數落丈夫沒用，說那些破書有什麼用？後來還揚言要燒掉那些書，丈夫聽到後，便嚴厲警告她說：「你若燒我的書，就等於是傷害我的生命！」

結果有一天，這位女子竟真的燒了她丈夫的書，於是夫婿便不顧一切地提出離婚。

眾親友，包括他的岳父都來勸合，欲使他們重修舊好，但其夫婿堅持地說：「我對她說過燒書就等於殺我，而她竟真的燒書，那我們之間還有什麼感情可言？」

這個故事的結局非常悽慘——那書生鬱鬱寡歡，不久後中年病逝，走完了他愛書的一生。也許有人會笑他癡情，但就是這份癡情，代表著他的執著以及一本初衷。

鹹言淡語

生命形式各有不同，也可把書看作是一種「生命」。因為它濃縮著人類思想的精華。但有時書的命運，亦如同人，也會被世俗的思想所扼殺。

18 無言親情

丹麥歷史上有這樣兩位著名的科學家，他們是親兄弟。哥哥尼爾性格外向、善言、喜歡交際，是位物理學家，弟弟哈洛性格內向、拙於言辭、不善應酬，但他們兄弟兩人的感情非常好。

有一次，哥哥尼爾閒來無事，突發奇想，對弟弟哈洛說：「哈洛，我想到一個很好玩的遊戲，要不要試試？」

弟弟問：「什麼遊戲？」

哥哥說：「我們兩個進行一次相互批評，互相指出對方平時有什麼缺點，怎麼樣？」

弟弟低著頭說：「那我可不行。」

哥哥說：「你呀！就是這樣，總不喜歡參加什麼活動，這次不行，不然我會生氣的。」

弟弟沒辦法，就提出讓哥哥先講。

哥哥提高聲音對弟弟批評道：「哈洛，你平時不愛說話，口齒不清，從不願參加大家的集體活動，又不善表達，總給人一種對人冷漠的感覺。好像你從來就不關心別人，大家都認為你不好相處。好了，我說完了，你可以說我了。」

弟弟笑著平靜地說：「哥哥，我不知道說什麼？」

哥哥急了，便說：「哈洛，你總是這個樣子，不行，必須說。」

弟弟沒辦法，他抬起頭正看到哥哥衣領上有一根線頭，就不好意思地對尼爾說：「哥哥，你的衣領上有一根線頭。」並隨手幫他拿了下來。

鹹言淡語

這就是愛，有人並沒有把它講出口，但他（她）一直在默默為你付出。

19 愛在身邊

妻子和丈夫走在辦理離婚手續的路上。結婚多年的女人看著自己身旁的丈夫，心裡不停地在想：怎麼就和這樣一個人生活了這麼長時間。

他們青梅竹馬，從相識、相愛到結婚成家已經十多年了，從開始時的無話不說到現在的無話可說，從開始的兩情相悅到現在的劍拔弩張，她都認為是丈夫製造的。

面前這個男人從沒有給她送過一次玫瑰，從來沒有過一次燭光晚餐，甚至連一句溫柔的「我愛你」他都不肯說，對於渴望浪漫和激情的女人，她再也無法忍受了，她在自己平淡瑣碎的家庭生活中再也找不到一點新鮮感。

當她向丈夫提出離婚的時候，一向少言寡語的丈夫依然沒說什麼。今天，他們並肩走在路上，這樣的機會以後可能不多了。

到了一個拐角處，街道忽然變窄，本來走在丈夫右邊的女人加快腳步，跑到了他的前面，走在他的左邊。一輛大卡車就在此時呼嘯而來，丈夫忽然慌了急忙跑步上前，喊了聲「危險」，並將女人拉到了右邊。卡車過去了，沒有什麼驚天動地的事發生，丈夫責怪地說：「不是告訴過你，走路要在我右邊，為什麼不聽？」女人看著被泥水濺了一身的丈夫，一瞬間，感到從沒有過的感動和幸福。

這麼多年來，丈夫每天都提前起床為她準備早餐，傍晚做晚飯等她回來，女人疲憊時，丈夫就會遞來一杯熱茶，女人爭吵時丈夫就默不作聲。

每次上街，丈夫總是讓女人走在自己右邊，他用他的身體為她遮擋左邊外側的車流和一切。丈夫一直對她呵護有加，而女人卻不曾感覺。一直苦苦找尋愛的女人，卻沒發現愛一直就在她身邊。

鹹言淡語

愛是實實在在的。被粉飾、點綴的愛往往經受不住生活的「推敲」。只有那發自內心的愛才是最受感動的。

20 心裡開花兒

小鎮上的這個小女孩很小，很喜歡去街上玩。街上有個小攤，是賣髮夾的，那些髮夾各式各樣的都有，有的像牡丹，有的像百合，有的像紫荊，還有的髮夾，做成蝴蝶狀，小女孩覺得這些髮夾非常好看，盯著那些髮夾看個沒完。

擺攤的是一個大姐姐，大姐姐看到她這麼著迷，就對小女孩說：「小妹妹，你戴上這些髮夾一定很好看，你買一個呀！」小女孩說：「我沒錢。」大姐姐說：「叫你爸爸給呀！」小女孩說：「我爸爸從不給我錢。」大姐姐聽了，就拿起一枚髮夾，遞給小女孩，大姐姐說：「那我送一只髮夾給你吧！」小女孩擺擺手說：「我不能要，我爸爸不許我拿別人的東西。」大姐姐笑起來，還摸摸小女孩的頭，跟小女孩說：「你真聽話。」

大姐姐後來還是把一隻蝴蝶花戴在小女孩頭上，小女孩不要，說別人的東西不能拿，大姐姐便說不是拿，是先給你，你以後有錢再還我。小女孩聽了，沒有再堅持，戴著蝴蝶花一蹦一跳地走了。

到了家以後，她爸爸讓她拿了錢去給那位大姐姐，但無論她在小街上怎麼找，也還是找不到那位大姐姐。於是她問街上的其他人。其他人都說不知道。但大家聽完小女孩的訴說之後，卻知道了小女孩小小的可愛的心靈。

在隨後的一個星期日，爸爸帶她上街玩，小女孩就發現街上很美，就像山坡一樣開滿了鮮花，於是小女孩就對爸爸說：「爸爸，街上也開滿了花。」爸爸一時沒聽懂。

小女孩便補充了一句，說：「這些花都開在人身上。」

小女孩的話連爸爸都覺得意味深長，看來，大姐姐送給她的花已開在她心裡了，她心裡開滿了花兒，她眼裡，也就花開遍地了。

鹹言淡語

對某些事物的熱愛，心態往往發揮決定性的作用。心裡有花兒，眼裡就有花；心裡有愛，眼裡就有愛。

第三篇
生命如舟，輕載以行

生命如扁舟，小小的它載不動太多的物欲和虛榮，要想順利抵達彼岸而不在中途擱淺或沉沒，就必須輕載，而把那些應該放下的「堅果」果斷地放下。

1 跌倒在優勢上

三個資深的業務員一起去鄉鎮推銷飼料。

清晨天空陰暗，所以他們出門的時候，一個帶了一把傘，另一個人拿了一根木棒，第三個人什麼也沒拿。晚上歸來的時候，拿傘的淋得渾身是水，拿木棒的跌得滿身是傷，而第三個人卻安然無恙。於是前兩個人很納悶，問第三個人：「你怎麼會沒事呢？」

第三個人沒有回答，而是問拿傘的人：「你為什麼會淋溼而沒有摔傷呢？」拿傘的人說：「當大雨來臨的時候，我因為有了傘就大膽地在雨中走，卻不知怎麼淋溼了。當我走在泥濘坎坷的路上時，因為沒有木棒，所以走得非常仔細。專挑平穩的地方走，所以沒摔傷。」

然後，他又問拿木棒的人：「你為什麼沒有淋溼而是摔傷呢？」

拿木棒的說：「當大雨來臨的時候，我因為沒有帶雨傘，便挑能躲雨的地方走，所以沒有淋溼。當我走在泥濘坎坷的路上時，我便用木棒拄著走，卻不知為什麼會常常跌傷。」

第三個人聽後笑笑，說：「這就是我安然無恙的原因。當大雨來時我躲著走，當路不好走時我小心地走，所以我沒有淋溼也沒有摔傷。你們的失誤就在於你們有憑藉的優勢，認為有了優勢便少了憂患。」

鹹言淡語

許多時候，我們不是跌倒在自己的缺陷上，而是跌倒在自己的優勢上，因為缺陷常能給我們以提醒，而優勢卻常常使我們忘乎所以。

2 離家才知回家

七歲女兒的學校放暑假了。夫妻倆在家中準備著外出的物品，打算帶著女兒做一次旅行。

收拾妥當後，一家三口就出發了。旅行途中，在一次登山時，他們的女兒不小心摔了一跤，當時也沒哭，兩天後，她右手舉不起來了，這時才發現鎖骨受了傷。

母親心裡很難受，可是女兒卻有了一項意外的收穫。

「媽，我現在知道哪邊是右邊了！」

「她太小，一直分不清楚左右，這下好了，她知道了，痛的那邊就是右！」母親心想。

由於女兒的傷勢，他們盡早結束了旅行，回到了家中。晚飯時，父親無意間問到女兒：「你喜歡出去玩，還是回到家裡呢？」女兒毫不猶豫地回答：「我當然喜歡回家！」

「哦——」父親故意逗她，「那麼下回出去不帶你就是了。」

「爸爸，」她說，「不先帶我出去，怎麼能回家？」

鹹言淡語

人生的歷程大約也是這樣：沒有大疑惑，怎麼能有大徹大悟？沒有劇烈的撕痛，也就沒有傷口的癒合；沒有離開過家的人不會知道什麼叫回家。

3 堅守夢想

一個已逾知天命之年的英國老師，帶著三十多個學生在一個陽光燦爛的早晨來到了大衛的農場參觀。老師對眼前這個擁有二百多畝農場，佔地二千平方英尺的豪華住宅的人表示出敬意，同時懷有一種內疚。

老師對大衛說：「說來有些慚愧。你讀中學時，我曾給你潑過冷水。這些年來，我也對不少學生說過相同的話。幸虧你有毅力堅持自己的夢想。」

大衛笑了笑，回想起當年的事。

大衛的父親是位馴馬師，他從小就必須跟著父親東奔西跑，一個馬廄接著一個馬廄，一個農場接著一個農場地去訓練馬匹。經常的奔波造成大衛求學過程的不順利。

初中時，有次老師叫全班同學寫作文，題目是〈長大後的志願〉。那晚他洋洋灑灑地寫了八張紙，描述了他的偉大志願，那就是想擁有一座屬於自己的牧馬農場，並且仔細畫了一張二百畝農場的設計圖，上面標有馬廄、跑道等設施的位置，然後在這一大片農場中央，還要建造一棟佔地二千平方英尺的豪宅。

他花了很大心血把作文完成，第二天交給了老師。兩天後他拿回作文，老師在第一頁打了一個又紅又大的叉，旁邊還寫了一句話：「不要痴心妄想，重寫。」

大衛承受著老師帶給他的壓力，他很疑惑，不知該怎麼辦。他回到家中還是沒有一個好的解決方案，反覆思考著，於是他去徵詢父親的意見。父親只是告訴他：「兒子，這是非常重要的決定，你必須自己拿定主意。」

再三考慮了好幾天後，他決定原稿交回，一個字都不改。他告訴老師：「即使不及格，我也不願放棄夢想。」大衛最終得到的分數還是不及格，但是他沒有被擊倒。他堅持夢想，繼續努力，終於獲得了今天的成績，他實現了當初的志願。老師的譏諷帶給他的是動力，面對今天的成績，他的臉上露出了滿意的微笑

鹹言淡語

堅持追求夢想需要動力，而動力的來源可以是良好的一面，也可以是惡劣的一面，許多歷史都已證明，惡劣的一面所產生的動力帶來的成果大多是不可想像的。

4 母愛無處不在

這是發生在遙遠的古代的一個故事：

一個生活在山上的部落突然對生活在山下的部落發動了攻擊，他們不僅搶奪了山下部落的大量財物，還綁架了一戶人家的男嬰，準備做祭祀之用。

山下部落的人們悲痛之後，準備上山尋找被搶走的嬰兒。可是山下部落的人們不知道怎樣才能爬到山上去。他們既不知道山上部落平時走的山道在哪裡，也不知道到哪裡去尋找山上部落，甚至不知道如何去發現他們留下的蹤跡？儘管如此，他們還是派出了他們部落中最優秀、最勇敢的男人，希望他們能夠爬到山上去，找回孩子。

他們嘗試了一個又一個的方法，搜尋了一個又一個可能是山上部落留下的蹤跡，但最終也沒有取得實質性的進展。於是，他們決定放棄搜尋，返回山下的村莊。正當他們收拾好所有登山工具準備返回時，他們卻看到被綁架孩子的母親正向他們走來，而且是從山上往下走。他們簡直無法想像她是怎麼爬上山的。

待孩子的母親走近後，他們才看清她的背上用皮帶綁著那個他們一直在尋找的孩子。

哦！這真是不可思議，她是怎麼找到孩子的？這群部落中最優秀、最勇敢的男人都迷惑不解。其中一個人問孩子的母親：「我們是部落中最強壯的男人了，我們都不能爬到那麼高的山上去，而你為什麼能爬上去並且找回孩子呢？」

孩子的母親平靜地答道：「因為他不是你們的孩子。」

鹹言淡語

父母之愛是平凡而又偉大的。在父母眼裡，我們永遠都是孩子，無論我們在何時何地，父母之愛都無處不在。

5 陌生的訓斥

在一本很新的《青年文摘》上有這樣一個故事：

父親生就一副菩薩心腸，一向溫文爾雅，但六月的某一天，我卻目睹了他對一個陌生青年嚴厲的訓斥。

那是個星期六的上午，我陪著父親正在大街上散步，迎面撞上一個蹲在地上向行人乞討的年輕人，只見他面前放著一個牌子，上面介紹他是個大學生，來這座城市打工，但尚未找到工作……

父親湊上去，問那年輕人他真的是大學生嗎？年輕人點點頭。剛才還說說笑笑的父親陡然變了臉色，像一頭暴怒的獅子，將雷霆般的呵斥，暴風驟雨似的傾瀉到年輕人頭上：「收回你的手，你這不知羞恥的傢伙，回去照照鏡子，看看你那蠢樣子，也配稱大學生，你的書都白唸了……」一向來說話溫和有禮、從不惡言惡語的父親，這一頓劈頭蓋臉的訓斥，連我都驚呆了，那個年輕人更是驚愕不已。「快滾，別在這裡丟人現眼。」父親不容置喙地喝道。那年輕人真的在眾目睽睽下，垂著頭乖乖地走開了。

望著胸膛還在劇烈起伏不已的父親，我還未緩過神來，父親從口袋裡掏出五十元，示意我過去交給他剛才責罵走的年輕人。我不解地望望父親，父親長歎了一口氣，命令我快點送過去。

當我追上那個年輕人，請他原諒父親的衝動時，那個年輕人滿臉慚愧地向我真誠地感激道：「謝謝你父親，我將一生銘記他的教誨，請你轉告他，我知道接下來怎麼做了。」

年輕人轉身走了，我還握著那張鈔票久久地愣在那裡，腦子裡一下子塞滿了父親常說的那六個字——自尊、自愛、自強。

鹹言淡語

自尊自愛自強，這是做人之本，當我們的靈魂在迷茫中徘徊，信心在挫折中慢慢喪失時，始終要記住這六個字，才不會使我們自己連人格也一同墮落在迷茫的街頭。

6 樂觀的心安草

有這樣一則寓言：

有一天，一個國王獨自到花園裡散步，讓他萬分詫異的是，花園裡所有的花草樹木都枯萎了，園中一片荒涼。

後來國王了解到，橡樹由於沒有松樹那麼高大挺拔，因此輕生厭世死了；松樹又因自己不能像葡萄那樣結許多果實，也慚愧而死；葡萄哀歎自己終日匍匐在架上，不能直立，不能像桃樹那樣開出美麗可愛的花朵，於是也死了；牽牛花也病倒了，因為它歎息自己沒有紫丁香那樣芬芳。

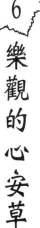

其餘的植物也都垂頭喪氣，無精打采，只有最細小的心安草在茂盛地生長。國王問道：「小小的心安草啊，別的植物全都枯萎了，為什麼你這小草這麼勇敢樂觀，毫不沮喪呢？」

小草回答道：「國王啊！我一點也不灰心失望，因為我知道，如果國王您想要一棵橡樹，或者一棵松樹、一叢葡萄、一株桃樹、一株牽牛花、一棵紫丁香等等，您就會叫園丁把它們種上，而我知道您種我的原因就是要我安心做一株小小的心安草。」

鹹言淡語

你是你，他是他。他的得到是因為幸運也好，是因為努力也好，我們都不必過於羨慕，更不應該嫉妒。你自有你的長處和優點，做你真實的自己，比什麼都重要。

7「不是」三七二十一

有這樣一則看似滑稽的故事：

一位智者有一天看到兩個人在指手畫腳，好像為了一件事而爭論得面紅耳赤，唾沫橫飛。

智者詢問他們在爭論什麼？原來為了一道算術題，胖一點的說三七等於二十一，瘦一點的堅持說三七等於二十二，各持己見，爭論不休，以至於幾乎動起手來。

最後，二人決定請一個智者做裁定，如果誰的答案正確，對方就將一天賭贏的錢交給勝者。

這時，智者來了，二人請智者裁定，智者竟然叫認為三七等於二十一的人將賭贏的錢交給說三七等於二十二的人。這個人拿著對方的錢走了。

面對這樣的結果，胖一點的那個人不高興了，他氣憤地說：「三七二十一，這是連小孩子都知道的真理，你是智者，卻認為三七等於二十二，看樣子也是徒有虛名呀！」

智者笑道：「你說的沒錯，三七等於二十一是小孩子都不懷疑的真理，你堅持真理就行了，幹麼還要與一個根本就不值得認真的人討論這種不用討論也再明顯不過的問題呢？」

胖一點的人似有所悟，智者拍拍他的肩膀，說道：「那個人雖然得到了你的錢，但他卻得到一生的錯誤，你是失去了錢財，但卻得到了深刻的教訓！」

這個人聽了智者的話，重重地點了點頭。

鹹言淡語

對於有些很明顯的道理，不要在意別人近乎荒唐滑稽的觀點。裝裝糊塗，有時是最好的清醒。

8 只因省略了過程

有一個很窮的年輕人出外工作。在路上，他撿到了一個神奇的葫蘆。

「如果我現在能立刻變得富有該多好」——年輕人剛這麼想，他就有了很多很多的錢。

這時候他又想起了自己心愛的戀人，「如果她能馬上成為我的妻子該多好」，他美麗的戀人果然就成了他的妻子。

「我有這麼多錢，我不想再等了。我現在就希望有很多孩子可以繼承我的產業。」如此一來，他也有了很多孩子。

所有的過程都被簡化了，他立時就擁有了他所想要的一切。年輕人，噢！不，確切地說，他現在已經是個老頭子了，他捧著那個神奇的葫蘆，哭了起來：「請求你讓我變回原來的樣子吧！我還是想每天出門辛苦地工作，晚上瞞著她的父母偷偷地約我心愛的人出門，牽著她的手在樹林裡散步，天哪，還是讓這一切慢慢來吧！」但葫蘆突然不見了，後悔已晚。

其實，今天是一個不可或缺的日子，過程是一種不可或缺的美麗。多少人錯失他們眼前的生活，只因他們正在回憶過去、猜度未來。你是否在早上剛起床時就想著中午之前必須提交的報告，因而感到豐盛的早餐索然無味？

抛掉對過去和未來的操心能夠幫助你享受當下的快樂，使你的知覺敏銳，讓你能夠在它們新鮮的時候品嚐和欣賞。就像一位詩人說的：「燦爛生命充實的一小時抵得過庸庸碌碌的一輩子。」

鹹言淡語

學會品味過程的美，我們就會懂得珍愛生命中的每一天，拒絕那些不必要的精神絲縷的牽絆。

9 事看兩面

在上網的時候看到這樣兩則故事，讓人回味。

其一：有兩個法國觀光團到日本伊豆半島旅遊。路況很糟，到處都是坑洞。其中一位導遊連聲抱歉，說路面簡直就像麻子一樣。而另一個導遊卻詩意盎然地對遊客說：「諸位先生女士，我們現在走的這條路，正是赫赫有名的伊豆迷人酒渦大道。」

其二：一個小學生在作文中說他將來的志願是當小丑。一個老師斥之：「胸無大志，孺子不可教也！」另一個老師則說：「願你把歡笑帶給全世界！」

雖是同樣的情況，然而不同的意念，就會產生不同的態度。如何去想，決定權在你。事實上，選擇積極或消極的態度去面對事情，結果截然不同。

鹹言淡語

消極的人，每每從機會裡看到難題；積極的人，每每從難題裡看到機會。

10 回家與居家

妻子要出差了。望著妻子迅速而又有條理地收拾行裝，他感到很有意思。妻子踮起腳吻了吻他的臉頰。看到她臉上淡淡的紅暈，他知道妻子很興奮。她要開始新的工作，也是她第一次離開家。

他感到很緊張、很陌生，甚至感到像是被遺棄了似的。

「高興點，」妻子對他說，「只有兩星期，我就回來了。」

可是他面臨的這兩個星期，卻像一輩子那麼漫長。一向是妻子守在家裡，為自己整理行裝，對諸如住旅館，買車票等事嘮叨個沒完。自己出差時，心裡總是踏實的：因為有妻子在家裡等他回來。妻子開了門，探出頭去，不耐煩地張望，等著計程車。車來了，妻子向他招手道別。

儘管他還在做交代，什麼找旅館、開房間啦，有空要打電話回來啦等等，妻子卻並不在意。對此，他幾乎有些吃驚。

「真有意思，我從來沒想過我不在家時她是什麼心情。」他嘟嘟囔囔地自言自語。晚上，他兩次轉身想和妻子說話，可是她不在身邊。最後，他好不容易才睡著。

過了半週，他驚奇地發現了獨處的妙趣。妻子打電話回來，交代他做這做那，一長串的話。如果不去理會那些話，就可以隨心所欲，不用管那些日常慣例，不用準時吃飯，不必去上班了！日子一天天過得挺快。星期三，妻子又打電話回來。她顯得很疲憊，說總算能回家了。一想到妻子即將回來，他全身湧起一股熱流。他刷洗了浴室，又清理了廚房地板。

星期天，他處在焦慮的騷動中。房間整潔、漂亮、溫暖。桌子都擺好了，可是她還沒回來。他開始不停地看鐘，努力克制自己的情緒。這個世界上，除了自己的妻子，誰都不想看。過了一會兒，他聽見門口隱約傳來一個熟悉的聲音。當門鎖響起一陣鑰匙的嗒啦聲時，他急不可捺地衝向門去。

「我回來了！」妻子歡欣地笑著。

「你回來啦！旅途順利嗎？」

「很好，你在家好嗎？」妻子環顧四周，一切如舊，很是滿意。

「不好，」他盡量顯得輕鬆隨便地說：「我感到很孤獨。」

妻子靜靜地等著他往下說。突然，他笑了。「過來！」他要求道，把妻子摟進懷裡，喃喃地說：「我真想你！」

此刻，他理解了：自己每次出差，妻子是怎麼耐心地等待他的回歸，他感受到妻子回家時那種勢不可擋的激動和欣喜。

當他們重逢的激動平息下來，他說：「我現在知道我不在家裡，你心裡是什麼滋味了。」

她抬起頭，也笑了。「我也感受到你離家在外的心情了。」

鹹言淡語

回家，那回到對方身邊的欣喜——這短暫的分別是值得的。居家，那等待親密妻子回來的喜悅——這短暫的等待同樣也是值得的。

11 說給女人

身披閃亮盔甲的武士途經鄉間，突然聽到女人的哭喊聲，他馬上精力充沛地策馬飛奔，奔向她的城堡。原來她被一條巨蟒困住了。勇敢的武士拔劍刺殺巨蟒，後來這個女人嫁給了他。

一個月後，武士又去旅行。回來時，聽到他的妻子哭泣求救。另一條巨蟒正襲擊城堡。武士抵達時，又拔劍刺殺巨蟒。

在他衝上前時，妻子從城堡裡哭喊：「別用劍，用鞭子比較好。」她給他鞭子，又好像在示範他該如何使用。他猶豫不決地按她的旨意，用鞭子纏上巨蟒的脖子，然後用力一拉，巨蟒死了，每個人都很高興。

慶祝宴會上，武士覺得自己並沒有立下功勞。因為他用的是她的鞭子，而不是自己的劍，他覺得承受不起全鎮人民的信任和讚美。他因沮喪而忘了擦亮自己的盔甲。

一個月後，他又出門旅行，隨手帶著劍。妻子叮囑他多保重，並把鞭子交給他。他回來時，又看到一條巨蟒在攻擊城堡，他馬上拔劍向前衝，心裡卻想，也許可以用鞭子。

他正在猶豫不決時，巨蟒向他吐火，燒傷他的右臂。他猶豫不決地望著窗，妻子正向他揮手：

「鞭子沒用了，用這包毒藥。」

她把毒藥丟給他。他把毒藥倒入巨蟒的嘴裡，巨蟒立即死掉。人人欣喜，但武士卻以此為恥。

一個月後，武士又再次出門去旅行，隨身帶著他的劍。他的妻子叮嚀他凡事小心，並要求他帶上鞭子和毒藥。她的建議使他困擾，但還是將它們放入行李中。

在旅途的某條街上，他聽到另一個女人的哭泣，他衝上去解救她時，心中的沮喪完全消除，但在拔劍時又猶豫起來，他不知道該「用劍，用鞭子，還是用毒藥？」

他困惑了好一會兒，隨即回憶起尚未遇見自己的妻子前只帶劍的情形。他重新建立自信，丟掉鞭子和毒藥，以他的自信之劍來對付巨蟒。最後，他殺了巨蟒，城民都歡欣鼓舞。

身披閃亮盔甲的武士再也沒有回到他之前的妻子身邊，他留在這個小鎮過起了快樂的日子。後來，他結婚了。在結婚前他確信他的第二任妻子不知道鞭子與毒藥的事。

鹹言淡語

牢記每個男人的內心都是一個身披閃亮盔甲的武士，有助於你記得男人的基本需求。雖然男人很感激你的關懷與幫助，但有時太多的關懷和幫忙產生的效果會適得其反。

事實上，自信是每個人都需要的。

12 別致的浪漫

黃昏，小麗散步在天橋邊，看見一個年輕人正吃力地揹著小姐上天橋，額上滲著細密的汗珠。

小麗趕忙過去幫著攙扶，並問年輕人：「她生病了吧！我幫你叫車去醫院。」

來到天橋上，忽然被揹著的那個小姐大笑起來，年輕人忙向小麗道歉：「對不起，謝謝你，我們在玩遊戲。」

「什麼？」小麗尷尬中面有慍色。

小姐好半天才停住笑，告訴小麗說今天是他們結婚三週年紀念日，他們特意請假出來逛街。

「他沒有錢，我不要他買什麼禮物，但他有力氣，所以要他揹我上天橋，才揹三個來回，他就累了，將來結婚三十週年，我讓他背三十個來回，累死他那把老骨頭……」小姐趴在年輕人背上又笑了起來。

在他人看來，那是一位長相十分普通的小姐，甚至有些醜陋，但此刻，她卻被寵得像個嬌貴的美麗公主。

鹹言淡語

很多人很多時候以為，浪漫必定和鮮花、燭光、音樂相連，卻不知道世上還有這樣一種別致的窮人的浪漫。

13 寧願愚蠢

在一個微風輕拂的早晨，和煦的陽光灑滿大地，晴朗的天空碧藍萬里，然而梅恩先生卻看見一位等汽車的老人拿著一把笨重的黑傘，他感到很奇怪。

他問老人：「你認為今天會下雨嗎？」

「不會下，」老人答道，「我想是不會的。」

「那麼你帶傘是為了遮太陽嗎？」

「不是，我為什麼要拒絕春天的陽光呢？」

聽見老人這麼回答，梅恩先生迷惑不解地瞅瞅那把傘。

「我老啦！腿腳也不靈活了，」老人忙著解釋，「可是我不願意旁人看著我拄著手杖，說我是可憐的老頭；於是我就以傘當手杖，晴天也帶著它，人們就只會說：『瞧，那人有多蠢！』」

老人繼續咕咕噥噥地說：「如果上帝問我，老頭，要麼愚蠢，要麼衰老，兩者之中你願意選哪一樣？我寧願選擇愚蠢！」

鹹言淡語

相信人人都願青春永駐，因為它象徵著活力，象徵著激情，象徵著希望。難怪故事中的老人有如此想法。

14 咀嚼回憶

有一位盲人，他的眼睛在三歲時因病而失明了。他的朋友對他說：「可惜你那時才三歲，什麼也記不得。」

「不，我記得非常清楚。父母的笑、花朵的紅、樹葉的綠、陽光的金黃，直到如今仍清清晰晰地印在我的腦海裡。每當我消沉的時候，就會想：比起某些盲人，我不是還幸運得多嗎？他們大部分從來就不知道世界是什麼樣子，我卻擁有那麼多美好的回憶。雖然短暫，已經足夠我享用了。」

鹹言淡語

很多健全的人，心已被各種欲望塞滿，被各種欲望所誘惑，不只耳聾了，眼盲了，連心也枯了。我們的世界需要用心去感受，用心去識別。一個只會用眼、不會用心的人，靈魂很容易被黑暗覆蓋。

15 抽不出來的「手」

據說在印度有一種奇特的狩獵猴子的方法：

在一個固定的木盒裡放上堅果，盒子上有一個小洞，剛好猴子的前爪可以放進去，猴子一旦抓住堅果，爪子就抽不出來了。因為猴子有種習性，不肯放下已到手的東西。

人們總是嘲笑猴子，但審視一下自己，就會發現，並不是只有猴子才會犯這樣的錯誤。

因為放不下良好的職位、待遇，有些人整天東奔西跑，耽誤了更遠大的前途；因為放不下誘人的錢財，有人費盡心思，利用各種機會去大撈一把，結果常常作繭自縛；因為放不下對權力的佔有欲，有些人熱中於諂媚奉承、行賄受賄，不惜丟掉人格的尊嚴，一旦事情敗露，後悔莫及……

讓我們從猴子的悲劇中汲取一個教訓，牢牢記住：該鬆手時就鬆手，不要被欲望綑綁。

鹹言淡語

生命如扁舟，小小的它載不動太多的物欲和虛榮，要想順利抵達彼岸而不在中途擱淺或沉沒，就必須輕載，而把那些應該放下的「堅果」果斷地放下。

16 掃出平淡

在法國的一個小城鎮裡，有一位老神父，每天天濛濛亮的時候，就開始掃地，從教堂內掃到教堂外，從城裡掃到城外，一直掃到離城十幾里。天天如此，月月如此，年年如此。

小城裡的人，每天都能看見這個老神父在掃地，老神父雖然很老很老了，就像一株古老的松樹，不再見它抽枝發芽，但也不再其繼續衰老。

有一天老神父躺在木床上，安然離世了，可是小城裡的人誰也不知道他活了多少歲月。過了若干年，根據老神父遺留的日誌記載推算出，他享年一百三十八歲。

我們先不去懷疑它的真實性，它使人徹底悟出平淡對人心清淨的重要。

現代人也許譏笑這位老神父除了掃地，掃地，還是掃地，生活太平淡、太清苦、太寂寞，缺少一份色彩。

其實這位老神父就是在這平淡中，把小城掃出了一片淨土，為自己掃出了心中的清淨，掃出了一百三十八歲高壽。他在平淡中找尋自己的快樂，享受著生活的滋味，誰能說這平淡不是人生智慧的提煉？

當我們在追求物質享受時，卻忽略了睿智的存在，因此也就缺少了老神父的心境。

人心不能清淨，是因為物欲太盛。人生在世，不能沒有欲望，除了生存的欲望以外，人還有各種各樣的欲望，欲望在一定程度上是促進社會發展和自我實現的動力。可是，欲望是無止境的，尤其是現在社會，物欲更具誘惑力，如果無法控制自己的欲望，任它隨心所欲，就必然會給別人帶來痛苦和不幸。所以，在某種程度上，我們要懂得知足常樂。

鹹言淡語

任何物欲都是有限度的，當我們追求一種活得輕鬆、過得自在的生活時，就需要在眾多事物上有所節制，在平淡中保持一種寧靜的超然心境。

17 朗讀殘破

被喪心病狂的男友毀容後的一位女孩，從容地站在記者面前。她面目全非，但仍調侃地說：「如果大家看到我潔白的牙，說明我在笑！」

她也曾怨恨過讓她毀容、毀掉她人生的男友，但是在經過三十多次手術後，那些痛苦已疼得她無心想別的，包括去恨什麼人了。

為了謀生，她上街兜售那可愛的玫瑰；為了未來，她決心上大學，但必須從高中讀起……

「我沒有手了，沒有耳朵、沒有鼻子，嘴巴合不攏，最要命的是，連胸部都燒掉了。」

她講得很輕鬆，像是在講別人的故事，不過，她擔心以後沒有男人會再愛上自己。

有一次，她去電影院看恐怖電影《七夜怪談》，事後，她說，沒被「貞子」嚇倒的觀眾，反而被我嚇倒了！

她開朗地笑著、說著，但聽的人卻難過不已。

每次出門，她會在全身唯一完好的部位——十個腳趾上塗一層藍色指甲油，以提醒自己曾經有過的美麗。

鹹言淡語

一個遭遇過致命性的災禍而仍樂觀地活著的人，其堅韌的意志力可替代巨輪的馬達而驅動其破水前行。

18 幫助小老鼠

一隻小老鼠掉進了一口缸裡，怎麼也出不來，就在牠絕望地心想，這口缸大概就是自己的墳墓了的時候，一隻大象經過缸邊，用鼻子把牠救了出來。

「謝謝你，大象。你救了我的命，我希望能報答你。」

大象笑著說：「你準備怎麼報答我呢？你不過是一隻小小的老鼠。」

過了些日子，大象不幸被獵人捉住了。獵人們用繩子把大象捆了起來，準備等天亮後運走。大象傷心極了，但無論怎麼掙扎，也無法把繩子扯斷。

這時小老鼠出現了。牠開始咬繩子，終於在天亮前咬斷了它，大象獲救了。

「你看到了吧！我履行了自己的諾言。」小老鼠對大象說。

鹹言淡語

在別人最需要你的幫助時，你沒有任何理由拒絕。因為你幫助了別人，以後你有困難時，別人也會同樣幫助你。你拯救了別人，實際上，也就是你在拯救你自己。

19 相信玻璃瓶

航海家哥倫布從海地海域向西班牙勝利返航。

但船隊剛離開海地不久，天氣就變得十分惡劣了。天空布滿烏雲，遠方電閃雷鳴，巨大的風暴從遠方的海上向船隊撲來。

這是哥倫布航海歷史上遭遇的最大一次風暴，有幾艘船已經被海浪打翻了，只一閃，便沉入了大海的深淵。

船長悲壯地告訴哥倫布說：「我們將永遠不能踏上陸地了。」

哥倫布知道，或許就要船毀人亡了。他嘆了一口氣後，對船長說：「我們可以消失，但資料一定要留給人類。」

哥倫布鑽進船艙，在瘋狂顛簸的船艙裡，迅速地把最為珍貴的資料縮寫在幾頁紙上，捲好，塞進一個玻璃瓶裡並加以密封後，將玻璃瓶拋進了波濤洶湧的茫茫大海。

「有一天，這些資料一定會漂到西班牙的海灘上！」哥倫布自信而肯定地說。

「絕不可能！」船長說，「它可能會葬身魚腹，也可能被海浪衝擊，或許會深埋沙底，但它不可能被沖到西班牙的海灘上去！」

哥倫布自信地說：「或許是一年、兩年，也許是幾個世紀，但它一定會漂到西班牙去，這是我的信念。上帝可以辜負生命，卻絕不會辜負生命堅持的信念。

鹹言淡語

決定一個人的生存狀態的往往是他所持有的信念。它可以超越困難，可以粉碎障礙，最終達成你的期望。

20 退回來的「路」

一個智者過獨木橋，眼看就要到橋頭了。迎面走來一隻羊，於是他迅速地往回退。

這時，一旁的路人看見了，便問：「你馬上要到那端的橋頭了，為什麼卻要退回來呢？」

智者笑著答道：「我不退回來，牠又怎能為我讓路呢？」

路人聽了，啞然。

鹹言淡語

在工作和生活中，我們不能一味地爭。有時，你所退讓的路也正是你自己要走的路。

第四篇
授人玫瑰，播種喜悅

我們的心是一塊需要精心培育的花圃，能長出喜悅的玫瑰，也能長出痛苦的蒺藜。為此需要精心呵護心靈的花圃，剷除那些堵塞心靈的雜草，讓喜悅的玫瑰競相綻放。

同時，若能授人以玫瑰，與他人分享喜悅，給予他人由衷的關懷，讓喜悅的種子廣植福田，那就更好了。

1 沒有爭執的金缽

在一座廟宇裡，有兩個和睦友善的和尚在一起住了很多年。可能由於生活過於單調，有一天胖和尚終於忍不住說：「讓我們一起改變改變吧！別老是一成不變的，我們每天的工作都太單調了，做點不一樣的事──就做點世俗的人做的事吧！」

由於隱遁而居的生活過得太久，瘦和尚好奇地問：「那麼世俗的人都做些什麼事呢？」

「喔！世俗人常常做一件事。」胖和尚發表高見說：「他們沒事就爭爭吵吵的。我們師父圓寂的時候不是留下一只化緣的金缽嗎？把它拿過來，放在我們倆當中，然後我們兩人都說：『金缽是我的。』」

瘦和尚很樂意幫這個忙，他拿起金缽，放在兩人之間，然後宣布說：「這只金缽是我的。」

可能是因為多年的友誼和內省的工夫，胖和尚聽了以後說：「好吧！兄弟，如果這個金缽是你的，你就拿去吧！」

然後爭執就結束了。

鹹言淡語

人都是為了自我的利益而發生爭執的，只有在利益中用平靜的心態去看待問題，人才能從爭執中解脫出來。

2 親吻喜悅

一個小男孩憑他瘦小的身材從成年乘客中擠過去，在地鐵車廂裡面臨近車窗的座位坐下。周圍全是些冷漠且因早起而倦意未消的大人。孩子的爸爸則站在靠近車門的地方。

列車一路搖晃著進入隧道。這時，怪事發生了，而且發生得很突然。那個神態凝重的小男孩溜下座位，手擱在一位乘客的膝蓋上，那位乘客一時以為他要從身旁擠過，回去找他爸爸，便把身體挪開，但男孩卻身向前傾，朝那位乘客仰起頭。

那位乘客心想他莫非要對我說些什麼，或是想跟我說句悄悄話吧？這小鬼！他低下頭來準備聽他講話。但他又錯了！男孩在他臉上響亮地親了一下。

之後，男孩神色自若地回到座位上往後一靠，仍是若無其事地注視著窗外。那位乘客則驚詫得目瞪口呆。剛才是怎麼回事？小男孩竟然在車廂裡親吻素不相識的大人。

不久，他前後左右的乘客都一一受到了這孩子的親吻。此時，大家除了忸怩不安，又感到莫名其妙外，只是朝著孩子的父親傻笑。

孩子的父親看到眾人迴避而又充滿疑問的目光，便說出緣由：「他是因為能夠活下來，所以那麼高興，他曾經生過重病。」

鹹言淡語

大人們恐怕不會為自己正活著而感到高興，更不會去親吻周圍的人們，他們在拚命追逐自己所希望得到的未來的時候，卻忘記了能活著享受現在的生活是一種最大的幸福。

3 走回純真

在歐．亨利的小說裡，有一篇故事，是描述一個在鄉下長大的男孩，在學校唸書的時候他總是坐在一個女孩旁邊，兩個人可以說是青梅竹馬。

後來，他到了大都市，逐漸沉淪，變成了一個扒手、一名卑賤的小偷。

有一天他又動手搶一個老太太的錢包，這件事對他來說，真可以稱得上是駕輕就熟了，而且他也樂在其中。

但是這時他突然發現對面走過來的小姐，就是他從前的同窗！她依然是那麼亮麗純真，甜美可人。這使得他立刻看清自己的卑劣可厭，羞愧之心油然而生。他難受得把頭倚在冰冷的燈柱上。「主啊！」他說：「我真巴不得我死了！」

這時他真正的看清了自己。

鹹言淡語

在世人面前沒有羞恥的人，在上帝面前也沒有畏懼。不知恥的人是可怕的，但若發現可恥並放棄它，則可恥就會變成可愛。

4 數數馬鈴薯

從前有個老人，每次遇上拖延、意外，或跟別人的衝突、困擾的時候，他就開始慢慢地數道：「一個馬鈴薯、兩個馬鈴薯、三個馬鈴薯……」

他很少數到超過五十個馬鈴薯，在他還沒數完之前，所有的煩惱都煙消雲散了，有的已經忘得乾乾淨淨，有的能夠看清事情的真相。

鹹言淡語

得便宜處失便宜，貪什麼。聰明反被聰明誤，巧什麼。是非到底自分明，辯什麼。人爭閒氣一場空，惱什麼。

5 送枝半開的玫瑰

有一位學者，他每天下午都出去散步，每次都會遇到一個坐在路邊乞討的老太婆。歷經風霜的老太婆總是默不作聲地坐在那兒，對過路的人給她的施捨，也只是用手勢表示謝意。

這一天，學者和妻子一起散步。妻子想施捨老太婆，但學者說：「應該給她的心送點東西，而不是在她的手上放點東西。」

第二天，學者又出去散步了，手上拿著一枝半開的玫瑰花。他來到老太婆身旁，把半開的玫瑰放到老太婆的手中。

老太婆站了起來，伸出雙手，拉住學者的手，親了一下，又握緊玫瑰高高興興地走了。接著有好幾天都沒有看見她。

後來老太婆又回來了，又像以前一樣，了無生氣地、冷若冰霜地坐在老地方乞討。

學者的妻子問：「她那幾天靠什麼過日子的？」

學者答道：「玫瑰花。」

鹹言淡語

送人玫瑰的手歷久猶有餘香。人的一生充滿了各種欲望，當人在貧病交加之中時，有時需要那麼一點點的溫暖就足以讓他度過嚴冬。

6 愛的真正標誌

曾經聽朋友說過一則佛經上的故事：

有一天，天陀山起了大火，許多鸚鵡一起聚集於天陀山大火之中，原來這些鳥群是「入水濡羽，飛而灑之」，牠們將身上的羽毛沾上水，然後把水灑向天陀山，期望能熄滅這場大火。

天神見了說：「鸚鵡們呀！你們雖想救火，但這點微薄的水，有什麼用呢？」

鸚鵡們說：「我們常年住在天陀山之中，和天陀山朝夕相伴，情深似海，怎麼忍心讓天陀山被火燒掉呢？燒光了樹，我們住在什麼地方呢？」

天神很受感動，彈指間就滅了山火。

這樣一種「入水濡羽，飛而灑之」的鳥兒對山的情懷，是世間大愛。

由此，今人由衷地懷想起這樣一個沉甸甸、標誌真正的愛的詞，一個讓生命變得厚重的詞：相濡以沫。

鹹言淡語

愛的力量是巨大的。愛，這個令人陶醉的字眼創造出了五光十色、斑斕絢麗的生活。愛是生命的專家，她帶給人們以智慧的火花、希望的彩霞。

7 要求默默

有這樣六個兄弟：五個哥哥每天外出工作，而弟弟則在家中料理家務。等五個哥哥辛苦的工作了一天，又累又乏地回家時，看見家裡既乾淨又整潔，晚飯也做好了，樣樣賞心悅目，處處舒適怡人，他們對這一切甚表感激，也為此誇讚么弟。

但是，有一個哥哥覺得做家務相比於他們每天出外工作，簡直是太輕鬆了，么弟也應該出外工作，所以他開始說：「老么是個懶人，他也應該出去做事，賺他自己的生活費，家務這種輕鬆的工作，只要大家輪流做就好了。」

很不幸的是，其他的兄弟也都同意了他的看法，因此他們全體一致決定，老六不必再做家務了。第二天一早，他也必須跟哥哥一樣出去，替他自己找一份工作做。

傍晚，五個兄弟做完工，又累又餓地回到家以後，才驚訝地發現，家裡沒有一張笑臉迎接他們，也沒有人替他們鋪床疊被，打掃房間，飯桌上更沒有飯菜。

此刻他們才明白自己做了多麼愚蠢的事，他們不該忽視弟弟默默的服務。他們覺得十分愧疚，又恢復了么弟的舊職。因此，從前那種快樂和滿足的氣氛又充滿了家中。

鹹言淡語

人和人之間的差異，只能從人對自己要求的高度上來分，而要求的高度，又從每天從事的工作內容分。

8 坦然面對失去

「有得必有失」的道理人人皆知。但人們總是習慣於得到而害怕失去。認為得到了可喜可賀，而失去了就可歎可惜。每有所失，總要難受一陣，甚至為之痛苦。

為了生命盡可能卓越，我們的確應該追求得到，努力用智慧和汗水創造業績。然而，我們也應該正確看待失去，學會忍受失去。

為了成就一番事業，有時不得不失去一些感官的享受；為了更好地實現自己的主要人生目標，有時不得不「丟卒保車」；尤其是為了不玷汙自己的人格，有時不得不失去一些利益，比如金錢——那種只要出賣良心或尊嚴就可以得到的金錢。

坦然面對失去，需要及時調整心態，首先要面對現實，承認失去，不能總沉湎於已經不存在的東西之中，得到和失去其實是相對的。為了得到，需要失去，因為失去一些，可能又意想不到地得到了另一些。

有句俗話：「舊的不去，新的不來。」事實正是如此。與其為了失去而懊惱，不如全力爭取新的得到。應該明白的是，有時失去並不一定是損失，而是放棄，是奉獻，是大步躍進的前奏或序曲，這樣的失去，不也是好事嗎？

鹹言淡語

坦然面對失去，就是胸襟更豁達一些，眼光更長遠一些，經常為自己調整思緒加油打氣，排除那些不必要的留戀與顧盼，以便集中精力於人生的主要追求。這樣，大而言之，有益於社會；小而言之，有益於自己。

9 忍耐侮辱

在拿破崙一世的時代，一位福利院院長為遺孤籌募基金。他來到一家酒店，裡面有三個人正在玩牌。他上前請他們為慈善工作捐獻一點錢，可是當中有一個人咒罵他，要上帝降禍於他，並且朝他臉上吐了一口口水。

他平靜地取出手帕，擦掉面頰上的唾沫，然後不帶絲毫怒氣地說：「現在我的那份已經得到，先生，可是我的孤兒們能得到點什麼呢？」

那個辱罵人的玩牌者，既驚且愧，一時無語，隨後把手伸進口袋裡，把身上所有的錢都給了那位院長。

鹹言淡語

對於卑劣之人，當「以眼還眼，以牙還牙。」但有時忍耐的力量卻遠勝過它。

10 播種喜悅

「我的身體還跟從前一樣，但我的心變了。我的心中再沒有恨。只有愛、溫柔，只有喜悅。」

這是一部經典影片中的一段對白。正如這段對白所說的一樣：心變了，思想也就變了，生活也會隨之改變。

如果你的心是快樂的，那麼，你在哪裡都是快樂的；如果你的心是喜悅的，那麼，你做什麼事都是喜悅的。

喜悅，能使緊張的情緒得以放鬆；喜悅，能使疲憊的身體得以紓緩；喜悅，能融洽氣氛；喜悅，能促進團結。喜悅是金色的光，是清澈的水，是暖春的綠，它讓你有風的自然、雲的隨意，它帶給你美麗。

可是生活中的許多人卻往往因抵制不住一些誘惑而失去了喜悅之心。

我們的心是一塊需要精心培育的花圃，能長出喜悅的玫瑰，也能長出痛苦的蒺藜。為此需要精心呵護心靈的花圃，剷除那些堵塞心靈的雜草，讓喜悅的玫瑰競相綻放。

鹹言淡語

我們要愛惜自己，讓每天都處在一種喜悅的優美狀態裡，因關心而喜悅，因幫助而喜悅，因感謝而喜悅，因寬恕而喜悅，因承擔而喜悅，因豁達而喜悅。喜悅無處不在，只要你願意去感受。

11 慈善的讚美效果

一位從事教育的官員報告說：「我們決定以稱讚別人來代替挑剔別人的過失。但當我們看到他們做的都是負面的事情時，讚美就非常不容易做到。要找些事情來稱許，真的是很難。我們想辦法去找他們值得讚美的事情，而他們以前所做的那些令人不高興的事，真的不再發生了。接著，他們一些別的錯處也消失了，他們開始照著我們的讚許去做。居然，竟出乎常規，他們乖得連我們也不敢相信。當然它並沒有一直持續下去。但總是比以前好得多了。」

「現在我們不必再像以前那樣糾正他們。孩子們做對的事要比做錯的多得多。這些全是讚美的功勞，即使讚美他最細微的進步，也比斥責他的過失要好。」

鹹言淡語

人人都渴望讚美，誰都不想是一座孤島，所以這方面的投資絕對值得。它能使你掌握人際交往中真正的癥結，增加感情存摺的數字。

12 尊貴的自知

有這樣一則故事：

在遙遠的東方有一位國王，他有一次和親近的臣子在沙灘上散步，這位近臣以阿諛諂媚的口氣誇國王的權力有多大、影響有多廣，頌讚之聲不絕於口。

這位國王靜靜地聽了半天，他轉頭面向大海：「海啊！我是你永恆的統治者，我有很大的權力，現在，我命令你馬上停止前進，不准弄溼我的腳和我的長袍。」

但是海浪絲毫沒有停止的跡象，仍舊一波波地襲來，並且理所當然地打溼了國王的腳及拖地的長袍。國王轉身斥責這位近臣：「你看，這波浪並不聽我的命令，可見國王的力量也和其他人一樣的脆弱，只有上帝才能使一切對他服從。」

鹹言淡語

人貴有自知之明，若身處高位又有自知之明，那將是十分可貴的一件事。

13 比寶石貴重的

有一個雲遊四方的道士，在途中，無意間撿到一顆寶石，他隨手裝入背袋中。

有一天道士碰到一個疲累不堪的旅行人，他和這人分享他所有的食物，這人看上了道士袋中那顆燦爛的寶石，而道士毫不猶豫地就將它送給了這個旅行人，那人興奮地拿了就走，口中直呼幸運。

但是過了數日，那人又來找道士，並且恭敬地將寶石還給了道士，並說：「我不要這顆寶石了，我要更貴重的，是什麼樣的意念使你願意把這麼貴重的東西送給我？請教導我。」

鹹言淡語

一個具有優秀品質的人，其價值要遠遠大於許多有價之寶。

14 無言的恩情

屏氣凝視迎風搖曳的細竹，心底總莫名地默思：是誰砍它成笛；是誰鑽它出孔；又是誰在月圓的窗下，靜靜地吹？

竹管原本不會發聲，是多情的少年賦予它歌喉；就像月亮，天上的一堆亂石，從來就沒有光，沒有亮，是慷慨的太陽送給它光芒。

有一則故事裡說，一個樵夫因為救助了上帝的信使，信使便回報樵夫一把金斧。背著金斧砍柴的樵夫欣喜萬分，感恩不盡。

所以，當你清爽而又快樂地跨出家門的時候，你要如此想：我沒有信使贈我以金斧，但在長長的生命旅途中，一定有千千萬萬的人為我唱歌，為我照亮，為我一斧一鑿擊穿頭頂的黑暗。基於此，你的笑容裡就會漾滿謝意。

一支蘆笛沒有理由吹噓它的華光皎潔。同樣，一個人也沒有理由張揚自己的成績卓著。就像一片花開，全憑藉泥土、陽光、雨露。再飽滿的一粒種子，失去生長環境，也無處生根。

試問，離開身邊親友的呵護和支持，誰又能笑得灑脫？

鹹言淡語

的確，如果我們生命中沒有他人的呵護與支持，我們的生命有這樣鮮活，這樣充實嗎？我們感謝父母給了我們生命，感謝上天給了我們陽光，感謝生活給了我們智慧……

15 健康的心態

一位從事國際貿易的船員朋友如是說：有一次，我去美國，一位美國的朋友開車帶我去一個富人居住區觀光，我不解地問：「為什麼不去名勝風景區觀光，偏要選擇這樣的富人區呢？」

他笑：「這裡非常漂亮，看了後，可以讓你心情舒暢，並會有所收穫。」「有所收穫？」

我問，「難道看到別人住這麼漂亮的房子，生活得如此愜意，你們不嫉妒嗎？」

「為什麼要嫉妒呢？他能住在這裡，證明他遇上了一個好機會，如果將來我遇到好機會，我會比他做得更好。來這裡，可以提高我們尋找機會的積極性，讓我產生一種奮鬥的動力，這就是收穫。」他認真地說。

又有一次去日本，很奇怪，日本朋友也是陪我去了富人區，我又問了同樣的問題，日本朋友笑著說：「在哪裡發現做得比我們自己強的人，我們就千方百計的接近他，和他拉上關係，向他討教成功的祕訣，虛心地向他學習經驗。」

他睫毛一揚，詭異地笑道：「然後嘛！暗暗地努力，發憤工作，再利用自己的長處，想盡辦法去超過他。」

日本人和美國人並不對比自己強的人產生嫉妒，而是以他們為行動的目標和動力。這是他們的聰明和智慧之處。

鹹言淡語

態度決定一切。健康的心態比健康的體魄還要重要。這就是為什麼心態十分優秀的人總能成功的祕密所在。

16 只管發光

在一個夜晚，一個人從匣子裡取出一根蠟燭，爬上一道又狹窄又迂迴的樓梯。

「我們要去哪啊？」蠟燭問。

「上比這塔還高的塔台上，去給歸航的船照亮。」

「有誰會看見我的亮光呢？我的亮度太弱了。」

「你只管亮著就行，別的事由我來負責。」

他們爬到長梯的頂端，來到一盞大燈的前面，然後那個人拿小蠟燭點亮了燈，剎時之間，強烈的光芒由燈內射出，照到幾海浬遠的大海上。

鹹言淡語

做你自己，你就是導航的光！在做事之前要認清自己，認定你所處的位置，所擁有的能力和知識及重新審視你的心理素養，以發掘出自身無窮的潛力。

17 眼睛在上面

前菲律賓外交部長羅慕洛是聯合國的發起人之一、世界著名的社會活動家。

他年輕的時候，曾為自己矮小的身材而自慚形穢，所以他就經常穿著高跟鞋，但是即使是這樣，他的身材還是顯得矮小，有人嘲笑他說：矮子就是矮子，穿上高跟鞋又有什麼用呢？為此，羅慕洛憤然脫下高跟鞋，並發誓以後再也不穿高跟鞋了。

他在心裡暗暗下決心要從其他方面來彌補自己的不足。於是他刻苦地學習鑽研，畢業後，努力地工作，積極尋找機會，最後終於成為菲律賓的外長、聯合國的發起人之一。

在聯合國成立大會的那一天，羅慕洛以菲律賓代表團團長的身分，應邀發表演講。當他走上講台的時候，大家都哄笑起來，因為聯合國講台的高度是按照西方人的身高設計的，他的身高只能使他的兩隻眼睛露出講台。

但是羅慕洛依然鎮定地站在那裡，他用露出來的兩隻眼睛注視著大家，待笑聲停止後，他突然舉起一隻手，用力地揮動，並同時莊嚴地說：「我們就把這個會場當作最後的戰場吧！」語音未落，全場立時寂然，隨後，掌聲雷動。

此後，他在國際舞台上叱吒多年。他逝世的時候，聯合國為他降半旗致哀，他的身高也只有一百六十公分左右。

鹹言淡語

每個人都有各式各樣的缺點，我們都不是完人，但只要自己勇敢地面對自己的缺陷，立志從其他方面彌補，那也一樣會顯示出自己的魅力。

18 偉大的平易

打開一位美國總統的傳記。

他不願意用他辦公桌上的叫人鈴像下命令似的傳喚助手，十次裡有九次是自己到助手辦公室去，在偶爾傳喚別人的時候，也是到他自己辦公的橡樹廳門口去等候……

他在處理日常事務時，總是這樣體貼別人，從不以尊長自居，他之所以能夠使周圍的人對他忠心耿耿，真正的原因即在於此。

一位總統尚且如此，更何況我們是普通人。

學會平易近人，才能獲得更多人的愛戴，才能擁有朋友，也才能使自己獲得更多成功的機遇。

鹹言淡語

平易能接近人心靈的空間，平易的力量在於它的親和，平易能使人歸一為本。

19 付帳的天使

在美國加州，有一個送牛奶員，曾因一位欠他一百美元的客戶的突然消失而沮喪不已。

有一天，他的一位朋友對他說：「我有辦法使你對那一百美元的帳款感受好過一些。」

「我不相信有什麼辦法，」他沒好氣地說，「不過可以說來聽聽。」

「就當是把牛奶作為聖誕禮物送給了那些需要它的孩子們。」

「你在開玩笑嗎？」他氣惱地回答，「我甚至都沒有給我妻子送過那麼貴重的禮物哩！」他的朋友不再說什麼，但仍然相信自己的建議是正確的。

他再來時，他的那位朋友就拿這個建議開玩笑。「你還沒有送給她牛奶嗎？」他的朋友笑著問。

「沒有，」送牛奶員回答說，「不過我正在考慮送一件價值一百美元的禮物給我的妻子，除非另一個美麗的母親又想利用我的同情心。」

每當他的朋友問這個問題，他都好像變得比以前更輕鬆一點。最後，耶誕節前七天，那件事終於發生了。

他來的時候，臉上綻放著笑容，眼睛熠熠發光。「我做過了！」他說，「我把牛奶作為聖誕禮物送給她了。這不容易，但我失去了什麼呢？都過去了，不是嗎？」

「是的。」他的朋友覺得很高興。「我真的覺得好多了。這正是耶誕節我能有一個好心情的緣故。是我使那些孩子們有許多的牛奶放進他們的麥片粥裡。」

耶誕節後，有一天，送牛奶員碰見他的朋友，他向朋友講述了那個欠帳的婦女還錢的經過……

「我很抱歉！」她面色緋紅地對我說。

「我真的一直想付你錢。」她解釋說，「我的丈夫有一天晚上回家，說他找到了一個更便宜的公寓，也找到了一份晚上做的工作。於是我們立即搬了家，而我卻忘了再留下一個地址。」

「現在我已經有一點積蓄了，」她羞澀的說，「這是三十元，先還一部分。」

「不用了，太太，」我微笑著回答，「已經付過帳了。」

「付過了？」她驚呼，「什麼意思，誰付的？」

「我。」他抑制不住內心的自豪與喜悅說。

她朝他看著，由衷地說了一句：「你是天使！」，然後她嚶嚶地哭了。

他講完之後，他的朋友問：「你沒拿那三十元嗎？」

「當然沒有，」他憨厚地笑起來，「我是把牛奶作為聖誕禮物送給她的，不是嗎？」

「是的，是的！」他的朋友含著笑，高興地不停點頭。

鹹言淡語

面對不經意間失去的，不要總是記在心頭或是懊惱，要學會梳理紊亂的心情，這樣才會如天使般自豪與喜悅。

20 高興第二名

有一個小男孩去參加學校團體的長跑比賽，回到家後，父親看他很高興的樣子，就問他是不是得了第一名。

他說：「沒有啊！我得的是第二名。」父親就很奇怪地說：「你得了第二名為什麼還這麼高興？」

小男孩很認真地說：「爸爸，你知道嗎？那個第一名不知道被我追得有多慘！」

鹹言淡語

如果我們一直有一個樂觀的積極的心態，那麼「第一名」就會在我們的前面出現，這樣得冠軍的機率就會大得多。

第五篇 親吻痛苦，走近天堂

你若渴了，水便是天堂；你若累了，床便是天堂；你若失敗了，成功便是天堂；你若痛苦了，幸福便是天堂——總之，若沒有經歷過前者，你斷然是不會擁有天堂的感覺。

天堂是地獄的終極，地獄是天堂的走廊。當你手中捧著一把沙子時，不要丟棄它們！因為——金子可能在其間蘊藏。

1 鮮活的左手

有一位國畫家，從事繪畫藝術已有二十多年。在一次偶然的事故中，他的右手嚴重受傷，無法執筆作畫。痛苦之餘，這位畫家嘗試用左手繪畫。經過一段時間的熟練之後，他驚奇的發現，由於左右手的易位，使他認識到並打破了許多原先存在於畫家的意識或潛意識中的諸多限制。

結果，他現在用左手作畫，大膽奔放，筆筆到位，墨趣橫生，整個畫面顯得既厚拙鮮活，又率真自然。

這種效果正是畫家用右手作畫二十餘年苦苦探索而又覓之不得的境界。

鹹言淡語

「塞翁失馬，焉知非福」，我們又何必斤斤計較一時的得失呢？

2 希望是「下一個」

有一個身體硬朗、很有聲望的老人，在他一百歲壽宴上，他的一個孫子問他：「爺爺，您這一輩子中，在那麼多領域做出了那麼多的成績，您最得意的是哪一件事情呢？」

老人想了想說：「是我要做的下一件事情。」

另一個孫子問：「那麼，您最高興的一天是哪一天呢？」

老人回答：「是明天，明天我就要著手新的工作，這對於我來說是最高興的事。」

這時，老人的一個不到三十歲的曾孫子、一個蜚聲全國的作家，站起來問：「那麼，太爺爺，最令你感到驕傲的子孫是哪一個呢？」說完，他就專心凝神，等著老人說出自己的名字。沒想到老人竟說：「我對你們每個人都是滿意的，但要說最滿意的人，現在還沒有。」

這個曾孫子的臉陡然紅了，他心有不甘地問：「您這一輩子沒有做成一件感到最得意的事情，沒有過過一天最高興的日子，也沒有一個令您最滿意的子孫，您這一百年不是白活了嗎？」

此言一出，立即受到了幾個叔叔的斥責。老人卻不以為忤，反而哈哈大笑起來。「我的孩子，你們或許聽過這樣一個故事吧？一個在沙漠裡迷路的人，就剩下半瓶水，整整五天，他一直不捨得喝一口，後來，他終於走出大沙漠。」

「現在，我來問你，如果他當天喝完那瓶水的話，他還能走出大沙漠嗎？」老人的子孫們異口同聲地回答：「不能！」

老人問：「為什麼呢？」

他的曾孫子之一——那位名作家說：「因為他會喪失希望和鬥志，喪失了希望，他的生命也很快就會枯竭。」

老人捋著鬍鬚說：「你既然明白這個道理，為什麼不明白我剛才的回答呢？希望和鬥志，也正是我生命不竭的原因所在呀！」

鹹言淡語

希望和欲念是生命不竭的原因所在。記住無論在什麼境況中，我們都必須有繼續向前行的信心和勇氣，生命的生動在於我們永遠向前永不停步。

3 太陽還會升起

阿賓在一家酒店當領班，收入不多，但他卻總是過著非常快樂的生活。他對什麼事都很樂觀，他總是說太陽下山了，還會升起來。

阿賓很喜歡車，但是憑他的收入想買車是不太可能的事情。與朋友們在一起的時候，他總是說：「要是有一部車該多好啊！」心裡盡是無限的嚮往。後來有人說：「你去買彩券吧！中了獎就有車了！」

於是他買了一張價值五十塊錢的福利彩券。可能是上天過於優待他吧！幾乎無法置信，阿賓就憑著一張彩券，果真中了好幾千萬的獎金。

阿賓終於實現了自己的夢想，他用大獎買了一輛車，一有空就開著車兜風，很多人經常看見他吹著口哨在林蔭道上行駛，他的車也總是擦得一塵不染的。有一天，阿賓把車泊在樓下，一小時後下樓時，發現車被盜了。

幾個朋友得到消息，想到他愛車如命，都擔心他受不了，就相約來安慰他。朋友們敲開門，阿賓正高興地哼著小曲刮鬍子，大家說：「阿賓，車丟了，你千萬不要悲傷啊！」

阿賓卻大笑起來：「嘿！我為什麼要悲傷啊？」朋友互相疑惑的望著。

「如果誰不小心丟了五十塊錢，會悲傷嗎？」阿賓說。

「那當然不會！」一個朋友說。

「所以啊！我丟的不過是五十塊錢，為什麼要悲傷呢？」阿賓笑道。

鹹言淡語

對於已經失去的，確實應該從容瀟灑。「千金散盡還復來」，對於今天的人來說，也有一定的借鑑意義。只要我們精神和健康上不會再丟失什麼就好！

4 強壯的溫和

有一天，風要和太陽比一比誰更強壯。

風對太陽說：「你看見下面那位穿著外套的老人了嗎？我打賭可以比你更快地讓他把外套脫下來。」接著，風便用力對著老人吹，希望把老人的外套吹下來。但是它愈吹，老人愈把外套裹得更緊。

後來，風吹累了，太陽便從雲後走出來，暖洋洋地照在老人身上。沒多久，老人便開始擦汗，並且把外套脫下。

太陽於是對風說道：溫和友善永遠強過激烈狂暴。

鹹言淡語

在神奇的自然界，寂靜無聲的光線，悄無聲息的露珠和悄然的化學反應過程，都可以催生出一種奇妙的可能。這些靜默的力量比暴風閃電更有力，更能萌生出一個偉大的未來。

5 人之善面

在一本書中看過這樣一篇文章，內容是這樣的：

他是一個犯搶劫殺人罪的罪犯。當時他和同夥持刀搶劫，他朝被害人身上砍了三刀，同夥搶了錢喊他快跑。他跑了幾步，又折了回來，對倒在地上的被害人說：「捂住傷口，別喝水！」

另一個罪犯，是竊盜罪。那次他在火車上釘上了一個帶孩子的農村婦女，靠上前去，把手伸進女人衣內，摸到一個小布包。車到站後他下了車。走出車站，想找個沒人的地方數錢。忽然聽到一陣哭喊聲，他走過去，只見剛才那個被他偷的女人坐在地上，一把鼻涕一把眼淚地哭訴道：「我丈夫到遠方工作，一年多沒回家，上個月寫信來，不要我了，要和我離婚。我賣了兩頭豬湊了路費去找他，可是剛才在車上全丟了。我找不到丈夫，回不了家，只有去死了！」他聽了，走上前去扶起女人，說：「大姐，別哭了，哭也沒用，去報案吧！」拉著她往外走，趁她不注意，把布包放到孩子的背包裡，並說：「大姐，你再仔細找一找，是不是放在別的地方了。」他假裝幫她找，翻開背包，露出小布包，女人一看，破涕而笑。他又從口袋裡掏二百元，給了女人，女人感動得向他跪下。

殺了人又跑回來告訴人家別喝水，因為他知道喝水會引起大出血，讓生命更接近死亡。

偷了錢又還給人家，還把自己的錢給她，他不忍見她無路可走的慘狀。其實每一個壞人的身上，也都有良善的一面。

鹹言淡語

人生，原有正反兩面的，有些人走向犯罪，是把自己的背面翻到了正面。我們所以成為好人，可以說，是因為我們壓抑了自己做壞事的一面。

6 祝福顯露

在一棵高聳的大松樹下，有一朵看似弱不禁風的小花。這朵小花非常慶幸有棵大松樹成為它的保護傘，為它遮風擋雨，使自己每天可以高枕無憂。

有一天，突然來了一群伐木工人，很快，就把大樹伐倒了。

小花非常傷心，痛哭道：「天啊！我所有的保護都失去了，從此那些囂張的狂風會把我吹倒，滂沱的大雨會把我打倒！」

遠處的另一棵樹安慰它說：「不要這麼想，剛好相反，少了大樹的阻擋，陽光會照耀你、甘露會滋潤你；你弱小的身軀將長得更強壯，你盛開的花瓣將一一呈現在燦爛的日光下。人類就會發現你，並讚賞你，甚至有可能將你遷移到溫馨的花園裡。」

鹹言淡語

失去了一些自以為可以長久依靠的東西，自然會難過，但無所遮蓋的顯露出來，卻有可能迎來無限的祝福和機會。

7 為樂趣工作

一個日本觀光團來到非洲的一個原始部落。部落裡有一位老者，穿著白袍、盤著腿，安靜地在一棵菩提樹下做草編，草編非常精緻，它因此吸引了一位商人。

這個商人想：要是將這些草編運到東京販賣，東京的女人戴著這種草編的小圓帽，手提著鑲著這種草編的花籃，將是多麼時尚、美麗的風情啊！

想到這裡，商人激動地問：「這些草編多少錢一件？」

「十元，」老者微笑著回答道。

「天啊！這會讓我發大財的。」商人驚喜若狂，「假如我買一萬頂草帽和一萬個草籃，那你打算每件優惠我多少錢？」

「那樣的話，就得要二十元一件。」

「什麼？」商人簡直不敢相信自己的耳朵！他幾乎大喊著問：「為什麼我買得多，單價反而變貴了？」

「為什麼？」老者也生氣了，「當然是因為如果做一萬頂一模一樣的草帽和一萬個一模一樣的草籃，它會讓我無聊乏味死的。」

鹹言淡語

人生的快樂與安慰，來自於工作的勤勉努力。工作顯示人的獨立人格，樹立人的堅強信心，培養人的樂觀心情。只有工作著才會快樂著。

8 道歉的勇氣

一位小學教師誤將一位三年級學生答對的題扣了分。考卷發下來，這位學生舉起手說：「老師，我認為這道題這樣答是對的，理由是……」

老師重新看後做了修正。

老師認為這件事可能就此也就過去了。不料過了一會兒，這位學生又舉手說：「老師，您錯了，您應該向我道歉。因為公民與道德課的老師是這麼說的。」頓時，教室裡一片寂靜，老師也愣住了。

片刻後，這位老師笑著說：「是我疏忽了，對不起！」

後來有人問這位老師：「您當時不覺得窘迫嗎？」他回答說：「像這樣有道德有勇氣的學生，很少見，我喜歡。」

一位三年級的小學生敢於堅持自己認知的正確性，要求教師糾正自己的錯誤已屬不易，更可貴的是他用公民與道德課建立起來的道德標準去待人處世，實屬勇敢。更何況這份勇敢可能要承擔「膽大妄為」、「得寸進尺」，甚至「目無尊長」的嘲笑和訓斥。

鹹言淡語

儘管道歉是生活中最平常不過的細節，但在我們的所見所聞中，作為老師，能在學生面前承認自己的錯誤並誠懇道歉的並不多。但是，那位老師做到了，他用自己的道德勇氣呵護了幼小學生心田裡剛剛萌芽的異常聖潔的光芒。

9 制服恐懼

有一艘輪船出航時，不巧遇上了暴風雨。一名船員因為是第一次上船，所以害怕得又哭又叫。對於他的情緒，船上的人幾乎都受不了，船長也因此感到十分氣惱。

這時船長身邊的一位副手說：「您不要生氣，讓我來處理。我想我可以使他鎮定下來。」

那位副手隨即命令水手將那位船員綁起來，丟入海中。

這個可憐的傢伙一被丟下海，更是高聲嘶喊，手腳慌亂；過了幾秒鐘，那位副手才叫人把他拉回船上。

回到船上後，說也奇怪，那個剛才還歇斯底里地亂吼亂叫的船員，此刻卻安安靜靜地待在船艙一角，一點聲音也沒有了。

船長百思不得其解，好奇地問副手何以會如此？

副手回答說：「在情況變得更加惡劣之前，人們很難體會到自身現狀是多麼幸運，因此也就不知珍惜。」

鹹言淡語

人們往往在經歷了更大的恐懼之後，會對以前所經歷的恐懼淡忘。人們應該學會在各種環境中磨練自己，才能在遇到突如其來的事件時，保持清醒的頭腦。

10 遲到的花香

看看下面的一則故事：

我新到了一個公司，見人就問好，但是公司中的一位大姐，總是面無表情，對人不予理睬的，令我好生詫異。

我與她沒有任何結怨，這是何苦來哉呢？以後我們碰面也裝沒看見。何必呢？我又不求你，用不著拿自己的熱臉貼你的冷臉！

有一天，我去倒開水，正要打開水龍頭，大姐在一旁說話了：「你聽，水箱裡是不是有響聲？」我仔細聽，果然如此。

大姐說：「現在正往內灌生水，你等一會兒，水開了再倒水。」

原來，這個大姐其實是名副其實的「水箱性格」，外涼內熱。但她的言語還是展露了她的善良，正如那水箱上的紅燈，每當水開了，它總是不由自主地亮了起來。

你對世界的感覺遠比這個現實世界的真實，對你的影響更大，假如你想讓你的周圍一直散發著友愛的清香，那麼請先開放你自己吧！

一花獨放，肯定引來春色滿園。

鹹言淡語

其實，每個人都是友善的，正如每一朵花都散發著芬芳，也許有的人像濃郁的玫瑰，用一種火焰般的赤誠烤著我們泥土般本色的生活。而更多的人如淡雅的丁香，絲綢一樣柔軟的香氣在不經意的流連中纏繞你的頸項。

11 關於平靜

當英國作家彌爾頓雙目失明後，他發現了這樣一個關於平靜的真理：「思想運用以及思想本身，能將地獄變為天堂，抑或將天堂變為地獄。」

我們以拿破崙和海倫·凱勒的經歷為例，就可以證明彌爾頓的話是何等的正確：拿破崙擁有一般人夢寐以求的一切——榮耀、權力、財富等等，然而他卻對聖海琳娜說：「在我的一生中，從來沒有過快樂的日子。」而海倫·凱勒是個又盲又聾又啞的殘疾人，可是她卻說：「生活是多麼美好啊！」

可以這樣說：除了你自己，沒有任何人和任何事物可以給你帶來平靜。

鹹言淡語

我們內心的平靜與我們在生活中所獲得的快樂，並不在於我們身處何方，也不在於我們擁有多少，更不在於我們是怎樣的一個人，而只在於我們的心靈所達到的境界。

12 比財寶還重要的

歷史上，亞歷山大大帝出發遠征波斯之前，他將所有的財產都分給了臣下。大臣之一的皮爾底加斯非常驚奇，問道：「那麼陛下，你帶什麼出征呢？」

「希望，我只帶著它。」亞歷山大回答說。

聽到這個回答，皮爾底加斯說：「那麼請讓我們也來分享它吧！」於是，他謝絕了分配給他的財產。

亞歷山大帶著唯一的希望出發，卻帶回來所要征服的全部。

鹹言淡語

在人的一生中，挫折和不幸總是佔去一大半。如果在面臨不幸時，仍能保持對未來的信念，那就意味著你的人生還有希望。生命既然給了我們憧憬明天的權利，我們為什麼不用呢？

13 君子之風

當「鐵達尼號」號巨輪即將沉沒時，蓋根海姆先生毅然決然地把自己的救生衣送給了一位女乘客，而自己則繫好領帶，穿上燕尾服，「像紳士一樣」從容地面對死神。儘管他的生命終結於黑暗的海底，然而他那「君子之風」卻長存於人世之間。

西元一九一二年，勞倫斯．奧茨先生隨探險隊去了南極。不幸地，他遭到嚴重凍傷，以致只能拔足曳行——而探險隊撤離南極的行動卻已經是刻不容緩了。為了不拖累他人，勞倫斯先生做出了特別的選擇。

一天晚上，他對隊友說：「我有事要到帳篷外一趟，可能會有一段時間。」這一去，他便再也沒回來。

他放棄了自己生還的希望，卻大大減少了隊友們困死於南極的威脅。這，當然也是一種「君子之風」。

危險會檢驗一個人的情懷，激勵一個人的意志，大多數人希望一生平坦順遂，然而沒有危難的考驗，往往會庸庸碌碌度過一生。

鹹言淡語

有一句諺語：「行為美好品自高。」恰如一個人「美貌」之動人不僅取決於他面容之姣好一樣。一個人「美德」之感人則更需借助他行為之高尚。若口惠而實不至，「寬宏大量」、「與人為善」將無所依託，這是毋庸質疑的。

14 溫馨之光

品讀一下這個寓言：

在地球上有一個角落，盤踞著一團陰鬱冷漠、隱含慍怒的黑暗。倏忽之間，在那孤獨的一角，出現了一線微弱的亮光。

雖然這道光芒很微弱，但總是一線光明。是有人把那亮光放在那裡的，它也就立在那裡放射微微的光芒。

一旁路過的手電筒提醒它說：「你不覺得，如果你不待在這個連上帝都遺忘的角落裡，而是到別的地方去，你就會更有用嗎？」

「噢！」微光說：「我發光是因為我是光，而正由於我發光，我才是光。我不是因為要讓人看見才發光，而正因為我站在黑暗之處，才對別人更有幫助。」

沒想到，這些話竟被幽暗愁苦的黑暗聽見了，它露出猙獰的面孔，憤怒地想把那光熄滅掉，但那是絕對不可能的，巨大的黑暗對這微弱的光芒始終是無可奈何的。

鹹言淡語

不脫離自己，也理會他人。不輕信自己，也理解他人，人的德性便將如光一樣在我們人生的暗室中充實而溫馨。

15 名字不改

有個人買了一隻貓，他的一個朋友認為此貓長相不凡，建議取名叫虎貓。

聞言，又有人建議他，老虎固然兇猛，但不如龍來得神奇莫測，不如叫龍貓。

又有個人則建議，龍固然比虎神奇，但龍升天需要依附空中的雲彩，雲豈不是超過龍嗎？不如取名叫雲貓。

又有一個人對他說：雲雖能遮天，但風一來雲就消失了，不如叫風貓。

又有一個人說道：「風一碰到牆，就被擋住了，不如叫牆貓。」

有一個人則說道：「牆最怕老鼠打洞，不如叫鼠貓。」

這人聽了哈哈大笑，說：「捕捉老鼠本來就是貓的本性，為什麼要使牠失去本來的面目呢？貓就是貓。」

鹹言淡語

名字只是一個代號，是一個符號，以便區別於其他種類，它不能決定一個事物的內在是否強大。

16 漂亮的小姐

在一所學校裡，有一個長得很醜的女孩。學校的人常常譏笑她，甚至幫她取了個封號：「醜女無顏」。每當別人這樣叫她時，她都氣得要命，有時甚至氣得大哭起來。

有一天，當她又因別人的取笑在那裡痛哭時，一位慈祥的老教師經過，問明她難過的原因後，老教師告訴她一個變得漂亮的祕方：

首先，臉上常掛著笑容，碰到同學就親切地打招呼。

其次，絕不自怨自艾，不再去管自己的長相如何。

最為重要的是，她一定要樂於幫助人，用一顆善良的心去幫助別人。

老教師告訴她只要切實遵守這些祕訣，三個月後她一定會變成全校最美麗的小姐。

於是這女孩聽了老教師的話，全心全力地去實踐這些祕訣。沒有多久，她果然成為全校同學最樂於相處、最受人喜歡、最有人緣的人，再也沒有人會叫她「醜女無顏」了。

鹹言淡語

一個人的美，並不完全取決於英俊、漂亮的外表、完美的身材，更重要的是他的內心。內心美所帶來的魅力，是任何整形和化妝都難以達到的。

17 減少街口

有一名記者因失業而捱餓。他白天就在馬路上亂走，目的只有一個，躲避房東討債。有一天他在四十二號街碰到著名的音樂家舒伯特。

他在失業前，曾經採訪過舒伯特。但是，他沒想到的是，舒伯特竟然一眼就認出了他。

「很忙嗎？」舒伯特問他。

他含糊地回答了舒伯特，他想舒伯特看出了自己的境遇。

「我住的旅館在第九十八號街，跟我一起走過去好不好？」

「走過去？但是，舒伯特先生，五十個路口，很遠呢！」

「胡說！」舒伯特笑著說，「只有三個街口。是的，我說的是一家射擊遊藝場。」

這有些所答非所問，但他還是順從地跟舒伯特走了。

到達射擊場時，舒伯特先生說：「現在，只有十二個街口了。」

不多一會兒，他們又到了一個劇院。

舒伯特說：「現在，只有六個街口就到動物園了。」

又走了十二個街口，他們在舒伯特先生住的旅館前停了下來。奇怪得很，這個失業的記者並不覺得怎麼疲憊。

舒伯特解釋為什麼要步行的理由：

「今天走的路，你可以記在心裡。這是生活的一個教訓。無論你與你的目標有多遙遠的距離，都不要擔心，把你的精神集中在三個街口的距離，別讓那遙遠的未來令你煩惱。」

鹹言淡語

希望與幻想不同，希望是很有可能實現的未來，每一個明天都是希望。無論身陷怎樣的逆境，人都不應該絕望，因為前面還有許多明天。

18 天堂的所在

一個人很嚮往天堂，於是他便去尋找，在歷經許多艱險之後，終於找到了。當他欣喜若狂地站在天堂門口歡呼「我來到天堂了」時，守門的人詫然問他：「這裡就是天堂？」

歡呼者一聽到這句話，感到很奇怪：「你難道不知道這兒就是天堂？」

守門人茫然搖頭，並問他：「你從哪裡來？」

歡呼者回答：「我從地獄來。」

守門人仍是茫然。這個人慨然嗟歎：「怪不得你不知天堂何在，原來你沒去過地獄！」

你若渴了，水便是天堂；你若累了，床便是天堂；你若失敗了，成功便是天堂；你若痛苦了，幸福便是天堂——總之，若沒有經歷過前者，你斷然是不會擁有天堂的感覺。

天堂是地獄的終極，地獄是天堂的走廊。當你手中捧著一把沙子時，不要丟棄它們！因為——金子可能在其間蘊藏。

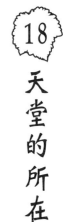

鹹言淡語

只有一個歷經過大苦難的人才知道天堂的所在，天堂不在那遙遠的地方，就在我們心裡。

19 三天後的日子

一知名人士在巴黎街頭遇見一位賣花的老太太。這位老太太穿著相當破舊，身體看上去也很虛弱，但臉上卻滿是喜悅。這個知名人士挑了一朵花說：「你看起來很快樂。」

老太太回答說：「為什麼不呢？一切都這麼美好。」

「你很能承擔煩惱。」他又說。然而老太太的回答卻令他大吃一驚。

老太太說：「耶穌在星期五被釘於十字架上的時候，那是全世界最糟糕的一天，然而，三天後就是復活節。所以，當我遇到不幸時，就會等待三天，之後一切就恢復正常了。」

「等待三天」，以迎接三天後的日子，這是一顆多麼普通而又不平凡的心啊！

我們從來就不承認與生俱來的命運，但知道人生並非總是鶯歌燕舞，四季如春，總是伴隨著幾多不幸，幾多煩惱。

其實，每個人的心，都好比是一顆水晶球，晶瑩閃爍。然而一旦遭受不測，背叛生命的人，會在黑暗中漸漸消殞；而忠實於生命的人，總是將五顏六色的光線折射到自己生命的每一個角落。

鹹言淡語

一個身處逆境卻依舊能含著笑的人，比一個一旦陷入困境立即崩潰的人，獲益更多。身處逆境而樂觀的人才是值得欽佩的人。

20 向後飛的小鳥

有這樣一個故事：

有個生意不景氣的商人，在朋友的開導下，決定出去走走。在南美熱帶叢林中，他認識了一種世界上最可愛的鳥：蜂鳥。而最令他感動的是，牠是唯一能向後飛的鳥。

在他的內心，一直有一種渴望：擁有一對翅膀。這樣，可以更快地往前衝。因為整個城市的 喊都在鼓動著他這種向前飛的欲望。

看到蜂鳥向後飛的美姿時，他的心漸漸平靜了。為什麼只能有往前走的選擇？如果一個人的人生沒有退路，那該是多麼可怕。

這一趟遠足，在親近大自然後，使他終於明白印第安人的話：「一切生命均來自那座大山！」也理解了海明威的一句名言：「帶著你的創傷到曠野療傷！」

自然使我們謙卑，謙卑使我們寧靜、平和，從而悟到智慧。在熱帶叢林中，所有的樹都筆直高大，又十分謙和；不像都市的樹木，東一橫莖，西一斜枝，需要人工時時修剪。而森林裡的樹，沒有排他性，每一片向上的葉子，都是誠懇的表情。

鹹言淡語

確實，真正的偉大是單純，真正的智慧是相容，真正的力量是謙和。大自然教我們看得更多、更遠，更教我們如何去觀察生活從而使我們為視窗的一朵牽牛花而歡欣愜意。

健康養生小百科好書推薦

圖解特效養生36大穴
NT：300（附DVD）

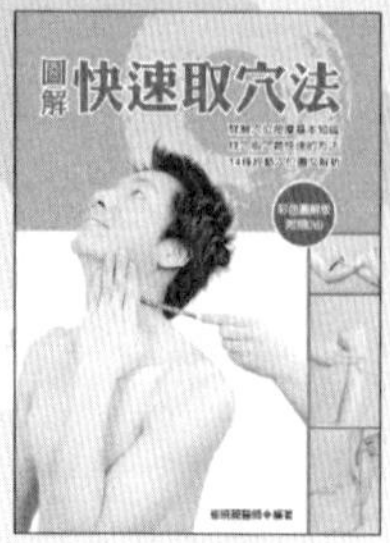

圖解快速取穴法
NT：300（附DVD）

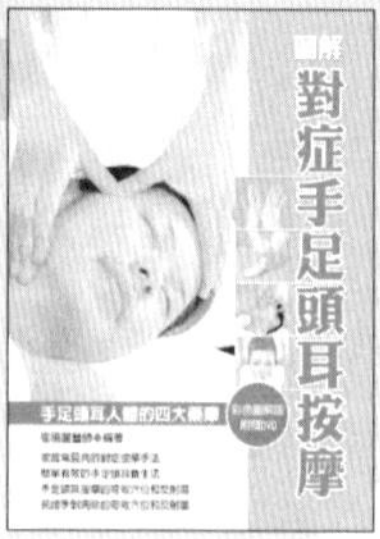

圖解對症手足頭耳按摩
NT：300（附DVD）

圖解刮痧拔罐艾灸養生療法
NT：300（附DVD）

一味中藥補養全家
NT：280

本草綱目食物養生圖鑑
NT：300

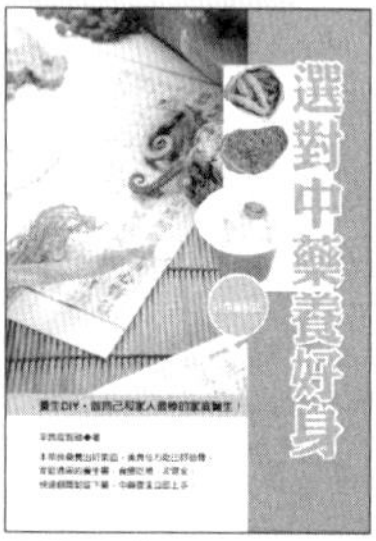

選對中藥養好身
NT：300

餐桌上的抗癌食品
NT：280

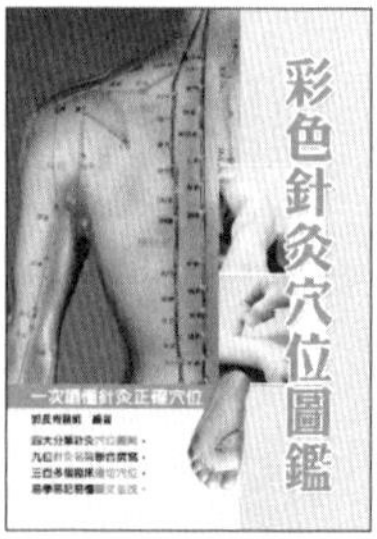

彩色針灸穴位圖鑑
NT：280

鼻病與咳喘的中醫快速療法 NT：300

拍拍打打養五臟
NT：300

五色食物養五臟
NT：280

痠痛革命
NT：300

你不可不知的防癌抗癌100招 NT：300

自我免疫系統是身體最好的醫院 NT：270 元

美魔女氧生術
NT：280 元

心理勵志小百科好書推薦

全世界都在用的80個
關鍵思維NT：280

學會寬容
NT：280

用幽默化解沉默
NT：280

學會包容
NT：280

引爆潛能
NT：280

學會逆向思考
NT：280

全世界都在用的智慧
定律 NT：300

人生三思
NT：270

陌生開發心理戰
NT：270

人生三談
NT：270

全世界都在學的逆境
智商NT：280

引爆成功的資本
NT：280

每個人都要會的幽默學
NT：280

潛意識的智慧
NT：270

10天打造超強的成功智慧
NT：280

國家圖書館出版品預行編目資料

鹹也好，淡也好，做人自在就好／盧雁芊
作. ——初版. —— 新北市：華志文化, 2013. 12
面； 公分. ——（生活有機園；11）
ISBN 978-986-5936-61-7（平裝）

1. 人生哲學 2. 通俗作品

191.9 102021979

華志文化事業有限公司

系列／生活有機園 011
書名／鹹也好，淡也好，做人自在就好

作者 盧雁芊
執行編輯 林雅婷
美術編輯 簡郁庭
封面設計 葉若蒂
文字校對 陳麗鳳
企劃執行 康敏才
總編輯 黃志中
社長 楊凱翔
出版者 華志文化事業有限公司
電子信箱 huachihbook@yahoo.com.tw
地址 116 台北市文山區興隆路四段九十六巷三弄六號四樓
電話 02-22341779
印製排版 辰皓國際出版製作有限公司

總經銷商 旭昇圖書有限公司
地址 235 新北市中和區中山路二段三五二號二樓
電話 02-22451480
傳真 02-22451479
郵政劃撥 戶名：旭昇圖書有限公司（帳號：12935041）
電子信箱 s1686688@ms31.hinet.net

出版日期 西元二〇一三年十二月初版第一刷
售價 一七九元

華志文化

華志文化